ALEXANDER RETEMEYER

Sicherheitsleistung durch Bankbürgschaft

Untersuchungen über das Spar-, Giro- und Kreditwesen

Abteilung B: Rechtswissenschaft

Schriften des Instituts für internationales Recht
des Spar-, Giro- und Kreditwesens an der Universität Mainz

Herausgegeben von

Prof. Dr. Walther Hadding und Prof. Dr. Uwe H. Schneider

Band 97

Sicherheitsleistung durch Bankbürgschaft

Einsatzmöglichkeiten, Ausgestaltung des Bürgschaftsinhaltes sowie Anforderungen an den Bürgen

Von

Alexander Retemeyer

Duncker & Humblot · Berlin

Die Deutsche Bibliothek – CIP-Einheitsaufnahme

Retemeyer, Alexander:
Sicherheitsleistung durch Bankbürgschaft :
Einsatzmöglichkeiten, Ausgestaltung des Bürgschaftsinhaltes
sowie Anforderungen an den Bürgen / von Alexander
Retemeyer. – Berlin : Duncker und Humblot, 1995
(Untersuchungen über das Spar-, Giro- und Kreditwesen : Abt. B,
Rechtswissenschaft ; Bd. 97)
Zugl.: Osnabrück, Univ., Diss., 1994
ISBN 3-428-08365-2
NE: Untersuchungen über das Spar-, Giro- und Kreditwesen / B

Satz: SiB Satzzentrum in Berlin GmbH, Berlin
Druck: Druckerei Gerike GmbH, Berlin
Printed in Germany

ISSN 0720-7352
ISBN 3-428-08365-2

Gedruckt auf alterungsbeständigem (säurefreiem) Papier
entsprechend ISO 9706 ♾

Geleitwort

Bankbürgschaften sind eine gängige Form der Sicherheitsleistung im Zivilprozeßrecht, wenn aus noch nicht rechtskräftigen bzw. aus summarischen Titeln vollstreckt werden soll und der Vollstreckungsschuldner für den Fall der späteren Aufhebung des Titels Schutz bedarf oder wenn umgekehrt der Gläubiger zu schützen ist, weil die vorläufige Vollstreckung angehalten werden soll. Zur Eignung der Banken und Sparkassen als Bürgschaftsschuldner ergeht gelegentlich Rechtsprechung, die jedoch – anders als die Zulassung als Steuerbürge gemäß § 244 Abs. 2 S. 1 AO – nicht über den Einzelfall hinausreicht. Verneinung der Bürgschaftstauglichkeit bedeutet eine gravierende Einbuße an Ansehen für das betroffene Kreditinstitut. Auf der anderen Seite kann angesichts der Zusammenbrüche von Kreditinstituten nicht darüber hinweggesehen werden, daß der Sicherungszweck auch verfehlt werden kann.

Die Arbeit gelangt in kritischer Auseinandersetzung mit der Rechtsprechung zu neuen Einsichten über die Tauglichkeitsfeststellung als Prozeßbürge, die auf Praktikabilität der gerichtlichen Nebenentscheidung über die Sicherheitsanordnung abstellen, nämlich den Anschluß des Kreditinstituts an einen Einlagensicherungsfonds. Neue Erkenntnisse bringen auch die Ausführungen zum Sicherheitentausch zwecks Ablösung der Bankbürgschaft im Interesse der Bank bei Bonitätsverschlechterung des Kunden.

Im Zivilrecht kommt der Bürgschaft erhebliche Bedeutung als Vertragserfüllungsbürgschaft zu. Ein wichtiges Einsatzgebiet ist das Werkvertragsrecht, insbesondere bei Geltung der VOB. Hier widmet sich die Arbeit der Frage, ob aus europarechtlichen Gründen Kreditinstitute mit Sitz in der EU außerhalb Deutschlands als Bürgen zuzulassen sind.

Banken können zur Sicherheitenstellung auch im Strafrecht eingeschaltet werden, z. B. zur Erbringung einer Kaution bei der Aussetzung des Haftbefehlvollzugs (§§ 116, 116a StPO). Die Arbeit geht Zweifeln nach, ob sich dafür eine Bankbürgschaft oder eine mit ihr verwandte Garantie wirklich eignen.

Im öffentlichen Recht wird verschiedentlich die Freistellungs- oder Gewährleistungsverpflichtung durch ein Kreditinstitut als Sicherungsmittel anstelle einer Haftpflichtversicherung zur obligatorischen Deckungsvorsorge für Großrisiken genannt, etwa im AtomG, GentechnikG, ArzneimittelG und UmwelthaftungsG. Davon wird allerdings kein praktischer Gebrauch gemacht. Die Arbeit geht der Frage nach, welche Rechtsprobleme die Substitution jeweils stellt, insbesondere welchen Anforderungen eine derartige Verpflichtung genügen muß und welcher Vertragstyp in Betracht kommt. Im Ergebnis wird die Bürgschaft als ungeeignet angesehen.

Osnabrück, im April 1995 Hans-Jürgen Ahrens

Inhaltsverzeichnis

Vorbemerkung 11

Teil I: Einleitung 12

A. Wesen der Bankbürgschaft 12

B. Einsatz der Bankbürgschaft 13

C. Vorteile der Bankbürgschaft 13

I. Vorteile für die bürgende Bank 13

II. Vorteile der Bürgschaftsübernahme für den zur Bürgschaftsstellung verpflichteten Kunden 15

Teil II: Herkömmliche Einsatzgebiete der Bankbürgschaft 15

A. Die Bankbürgschaft als Sicherheitsleistung nach den Vorschriften der Zivilprozeßordnung 17

I. Anwendungsbereich 17

II. Art der Sicherheitsleistung 18

III. Sicherheitsleistung durch Bankbürgschaft 18

1. Namentliche Bezeichnung der bürgenden Bank im Urteilstenor 19

2. Tauglichkeit des Bürgen 22

a) Die Regelung nach § 239 Abs. I BGB zur Angemessenheit des Vermögens 23

b) Angemessenes Vermögen i.S.d. Zivilprozeßordnung 24

aa) Darstellung des Meinungsstandes 24

bb) Stellungnahme 27

3. Zulässigkeit von befristeten Prozeßbürgschaften 34

a) Darstellung des Meinungsstandes 34

b) Stellungnahme 35

4. Zulässigkeit der von den Banken verwendeten Hinterlegungsklausel in Prozeßbürgschaften 36

a) Inhalt der Klausel 36

b) Darstellung des Meinungsstandes 37

c) Lösungsvorschlag 38

aa) Ausgangspunkt: Schutz des Berechtigten 38

bb) Wirtschaftliches Interesse der Bank 39

cc) Gesetzliche Regelung 40

dd) Zulässigkeit des Austausches mit Zustimmung des Berechtigten ... 41
ee) Zulässigkeit des Austausches nach Zustimmung durch das Prozeßgericht ... 41
ff) Zulässigkeit des Austausches ohne Anordnung durch das Gericht ... 42
5. Die Zulässigkeit des Auflösungsvorbehalts in Prozeßbürgschaften 45
B. Die Bankbürgschaft als Sicherheitsleistung im materiellen Zivilrecht ... 46
I. Bankbürgschaften als Vertragserfüllungsbürgschaft nach VOB ... 46
1. Die Regelung der Sicherheitsleistung durch die VOB ... 46
2. Geschichtliche Entwicklung der Vorschriften ... 46
3. Einbeziehung der Sicherheitsleistung in den Bauvertrag ... 47
4. Höhe der Sicherheitsleistung ... 48
5. Tauglichkeit des Bürgen ... 49
a) Bestimmung der Tauglichkeit durch den Sicherungsnehmer ... 49
b) Tauglichkeit eines außerhalb der Bundesrepublik Deutschland in der Europäischen Union zum Geschäftsbetrieb zugelassenen Kreditinstitutes als Bürge ... 50
6. Schriftformklausel ... 54
II. Bankbürgschaften als Mietkautionen ... 55
III. Bankbürgschaften als Sicherheitsleistung für den Vorschußanspruch des Rechtsanwaltes ... 56
IV. Bankbürgschaft als Sicherheitsleistung für den Bauhandwerkerlohn ... 57
V. Bankbürgschaft statt Hinterlegung im Bauvertragsrecht — Urteil des BGH vom 11. 10. 1984 ... 59
1. Bankbürgschaft des Bauträgers zur Unterlegung der hinterlegten Beträge ... 60
2. Bankbürgschaft durch den Käufer statt Hinterlegung ... 60
VI. Die Bankbürgschaft als Sicherheit im Pauschalreiserecht ... 62
C. Die Bankbürgschaft als Sicherheitsleistung im öffentlichen Recht ... 63
I. Sicherheitsleistung für die Errichtung von Gemeinschaftsanlagen ... 64
II. Sicherheitsleistung für die Stellplatz- und Garagenpflicht ... 65
III. Sicherheitsleistung für die Ablösung der Stellplatzpflicht ... 66
IV. Sicherheitsleistung für die Erstellung von Kinderspielplätzen ... 67
V. Vorschußzahlung für Amtshandlungen ... 68
IV. Sicherheitsleistung nach den Denkmalschutzgesetzen ... 68
VII. Sicherheitsleistung nach dem Wasserrecht ... 69
VIII. Sicherheitsleistung für Rekultivierungsverpflichtungen ... 70
IX. Sicherheitsleistung nach dem Straßenrecht ... 72
X. Sicherheitsleistungen nach allgemeinen Vorschriften des Baurechtes 73
XI. Sicherheitsleistung nach der Makler- und Bauträgerverordnung ... 75

1. Regelungsgegenstand der Makler- und Bauträgerverordnung 75
2. Zweck des „Maklergesetzes" 75
3. Voraussetzung der Pflicht zur Sicherheitsleistung 76
a) Sicherheitsleistung nach § 2 Abs. I S. 1 MaBV 76
b) Sicherheitsleistung nach § 7 MaBV 76
4. Art der Sicherheitsleistung 77
a) Bankbürgschaft 77
b) Vertrauensschadensversicherung 79
c) Vor- und Nachteile der beiden Sicherungsformen 80
XII. Sicherheitsleistung durch Bankbürgschaft im Steuerrecht 81
1. Regelung der Sicherheitsleistung in der Abgabenordnung 81
2. Einzelfragen 82
a) Tauglichkeit als Einzelbürge 82
b) Zulassung als allgemeiner Steuerbürge 82
aa) Die Regelung des § 244 Abs. II S.1 AO 83
bb) Wirkung der Zulassung als allgemeiner Steuerbürge Kontrahierungszwang 83
c) Schriftform der Bürgschaft 85
D. Die Bankbürgschaft als Sicherheitsleistung nach der Strafprozeßordnung 86
I. Sicherheitsleistung nach §116a StPO 87
II. Sicherheitsleistung nach § 456 Abs. III StPO bzw. § 456c Abs. III S. 1 StPO 90
III. Sicherheitsleistung nach § 132 Abs. I Nr. 1 StPO bzw. § 127 a Abs. I Nr. 2 StPO 91
IV. Sicherheitsleistung nach § 176 Abs. I S. 1 StPO 92
V. Sicherheitsleistung nach § 379 Abs. I StPO 93

Teil III: Die Bankbürgschaft zur Erfüllung der Pflichtversicherung 94
A. Zweck der Pflichtversicherung 94
B. Gesetzliche Versicherungspflichten 96
I. Pflichtversicherung nach dem Pflichtversicherungsgesetz 96
II. Pflichtversicherung der Wirtschaftsprüfer 97
III. Haftpflichtversicherung der Notare 97
IV. Pflichtversicherung der Rechtsanwälte 98
V. Versicherungspflicht der Krankenpflegeschulen 98
VI. Berufshaftpflichtversicherung der Ärzte 98
VII. Haftpflichtversicherung für Jäger 99
VIII. Haftpflichtversicherung der Schausteller 99
IX. Pflichtversicherung der Pfandleiher 100
X. Haftpflichtversicherung der Bewachungsunternehmen 100

XI. Pflichtversicherung der Luftverkehrsunternehmen 100
1. Haftpflichtversicherung 100
2. Unfallversicherungspflicht der Luftverkehrsunternehmen 101
C. Die Bankbürgschaft als Mittel zur Erfüllung der Pflichtversicherung 102

Teil IV: Die Freistellungs- und Gewährleistungsverpflichtung als Deckungsvorsorge 104
A. Einleitung 104
B. Gesetzlich angeordnete Deckungsvorsorge 104
I. Deckungsvorsorge nach dem Atomgesetz 104
1. Deckungsvorsorge durch Versicherung 105
2. Deckungsvorsorge durch Freistellungs- oder Gewährleistungsverpflichtung eines Dritten 105
II. Deckungsvorsorge nach dem Arzneimittelgesetz 106
1. Deckungsvorsorge durch Versicherungen 109
2. Deckungsvorsorge durch Freistellungs- oder Gewährleistungsverpflichtung eines inländischen Kreditinstitutes 110
III. Deckungsvorsorge nach dem Umwelthaftungsgesetz 110
1. Deckungsvorsorge durch Versicherungen 112
2. Deckungsvorsorge durch Freistellungs- oder Gewährleistungsverpflichtungen von Bund, Land oder einem im Geltungsbereich des Gesetzes zum Geschäftsbetrieb befugten Kreditinstitutes 113
IV: Deckungsvorsorge nach dem Gentechnikgesetz 114
C. Rechtsfragen der Freistellungs- und Gewährleistungsverpflichtung 115
I. Träger der Freistellungs- und Gewährleistungsverpflichtungen 115
1. Atomgesetz 116
2. Arzneimittelgesetz 120
3. Umwelthaftungsgesetz 120
4. Gentechnikgesetz 121
II. Vertragstypus und Vertragsinhalt einer Freistellungs- oder Gewährleistungsverpflichtung 121
1. Die Freistellungsverpflichtung 122
a) Der Meinungsstand in der Literatur 122
b) Anforderungen an den Vertragstyp 123
c) Welche Vertragstypen erfüllen diese Anforderungen? 123
aa) Erfüllungsübernahme nach §329 BGB 123
bb) Vertrag zugunsten Dritter gemäß §328 BGB 125
cc) Bankbürgschaft nach § 765 BGB 128
2. Die Gewährleistungsverpflichtung 128

Teil V: Ergebnis und Ausblick 130

Literaturverzeichnis 132

Vorbemerkung

Die nachfolgende Arbeit beschäftigt sich mit der Sicherheitsleistung durch Stellung einer Bankbürgschaft. Von den im Gesetz genannten Möglichkeiten der Sicherheitsleistung hat sich die Bankbürgschaft zum Hauptanwendungsfall entwickelt.

Die den Inhalt der Bürgschaft betreffenden Rechtsfragen werden beispielhaft am bekanntesten Fall der Bankbürgschaft, der Sicherheitsleistung nach den Vorschriften der ZPO, dargestellt.

Anschließend folgt eine Untersuchung, welche Gesetze Sicherheitsleistungen vorsehen und ob jeweils die Stellung einer Bankbürgschaft zur Sicherheitsleistung zulässig und sinnvoll ist. Mit der Pflicht zur Sicherheitsleistung ist die Pflicht zur Gewährung von Deckungsschutz durch den Abschluß einer Versicherung rechtlich verwandt. Deshalb wird im folgenden der Frage nachgegangen, ob statt des Abschlusses einer Versicherung als Substitut die Stellung einer Bankbürgschaft sinnvoll und rechtlich zulässig ist.

Schließlich werden die Rechtsfragen der Freistellungs- und Gewährleistungsverpflichtung erörtert und geprüft. Dabei stehen die Fragen nach dem zulässigen Träger der Deckungsvorsorge sowie nach dem Inhalt der Freistellungs- und Gewährleistungsverpflichtungen im Vordergrund.

Teil I: Einleitung

A. Wesen der Bankbürgschaft

Der Avalkredit ist eine besondere Form der Kreditgewährung durch Bürgschafts- oder Garantieübernahme einer Bank. Die Bezeichnung Avalkredit bezieht sich auf die eventuelle Rückgriffsforderung des bürgenden Kreditinstitutes gegen den Auftraggeber der Bürgschaft[1]. Beim Avalkredit wird keine Liquidität (keine liquiden Mittel) zur Verfügung gestellt, sondern die Kreditgewährung erfolgt durch Hingabe des guten Namens eines Kreditinstitutes[2]. Die Bank übernimmt dabei für eine bestimmte Verbindlichkeit ihres Kunden in seinem Auftrag eine selbstschuldnerische Bürgschaft gegenüber dessen Gläubiger[3]. Man nennt diesen Vorgang auch Kreditleihe im Gegensatz zur Geldleihe[4]. Die Übernahme von Bürgschaften, Garantien und sonstigen Gewährleistungen zählt gem. § 1 Abs. 1 Nr. 8 KWG zu den Bankgeschäften[5]. Da die Bank jederzeit damit rechnen muß, aus der Bürgschaft in Anspruch genommen zu werden, wird sie diese nur unter den gleichen Anforderungen an die persönliche Kreditwürdigkeit des Auftraggebers der Bürgschaft und die Sicherheitenlage übernehmen, wie sie für die Übernahme eines Barkredites gelten[6].

Bankbürgschaften als Sicherheiten finden sich häufig dann, wenn im geschäftlichen Verkehr nicht Zug-um-Zug Geschäfte abgewickelt werden, sondern der eine Geschäftspartner in Vorleistung treten muß[7]. Dieser benötigt als Sicherheit für die Erbringung der Gegenleistung durch seinen Geschäftspartner eine Gewährleistung, die die Bank übernehmen soll.

Da die Bank beim Avalkredit keine liquiden Mittel zur Verfügung stellt, werden Zinsen und Bereitstellungsprovisionen nicht berechnet. Für die Bereitstellung ihres „guten Namen“ und die Risikoübernahme (Kreditgewährung) berechnet die Bank eine Avalprovision, die aus einem Risikoprämien- und einem Ver-

---

[1] Birck, II S. 386.

[2] Handwörterbuch für das Geld-, Bank- und Börsenwesen, „Avalkredit“; Koch, S. 210 f. ; Schierenbeck S. 155.

[3] Büschgen, S. 167.

[4] Handwörterbuch für das Geld-, Bank- und Börsenwesen „„Avalkredit“; Birck II, S. 387; Schierenbeck, S. 155; Geiger, S. 228.

[5] Birck II, S. 286.

[6] Koch, S. 211.

[7] Hagenmüller/Diepen Teil C III 2 a.

waltungskostenanteil besteht[8]. Üblicherweise liegt die Avalprovision zwischen 1 % und 3 % der Bürgschaftssumme, je nach Laufzeit der Bankbürgschaft, Bonität des Auftraggebers und Sicherheitenlage[9]. Zusätzlich wird häufig für die Erstellung der Urkunde eine Schreibgebühr von ca. 25,00 DM erhoben.

B. Einsatz der Bankbürgschaft

In der bankwirtschaftlichen Literatur[10] werden als Einsatzmöglichkeiten der Bankbürgschaften immer wieder die Bereiche Sicherung gestundeter Steuern, Zölle und Frachtgelder, Stundung von Holzkaufgeldern, Prozeß-, Anzahlungs-, Gewährleistungs- und Vertragserfüllungsbürgschaften genannt.

Eine besondere Bedeutung haben Bankbürgschaften in der Bundesrepublik Deutschland im Rahmen der Kreditgewährung der öffentlichen Hand erlangt[11]. Der Staat kann und will die Kreditwürdigkeit seiner Schuldner bzw. die Leistungsfähigkeit seiner Vertragspartner nicht selbst in ausreichendem Maße prüfen[12]; er überträgt diese Prüfung auf die Kreditwirtschaft. Die Hausbank ist aufgrund ihrer Sachkenntnis und der persönlichen Beziehung zum Schuldner eher in der Lage, die Kreditwürdigkeit eines Schuldners bzw. die Leistungsfähigkeit eines Unternehmens einzuschätzen und dafür die Haftung zu übernehmen.

C. Vorteile der Bankbürgschaft

Im folgenden werden zunächst die Vorteile für die an der Bürgschaftsübernahme Beteiligten generell dargestellt. Verglichen wird die Aufnahme von Barkrediten verbunden mit der Hingabe der liquiden Mittel mit der Übernahme von Bürgschaften.

I. Vorteile für die bürgende Bank

Die Übernahme von Bürgschaften hat gegenüber der Gewährung von Barkrediten für die Bank verschiedene Vorteile. Der betriebsbedingte Aufwand der

---

8 Handwörterbuch für das Geld-, Bank- und Börsenwesen- „Avalprovision".

9 Schierenbeck, S. 156.

10 z.B. Handwörterbuch für das Geld-, Bank- und Börsenwesen — „Avalkredit"; Hagenmüller/Diepen, Teil C III 2; Koch, S. 211; Birck II, S. 388 f.; Büschgen, S. 168.

11 Hagenmüller/Diepen, Teil C III 2c; Birck II, S. 389.

12 Hagenmüller/Diepen, Teil C III 2c.

Bank für eine Bürgschaftsübernahme ist verhältnismäßig niedrig. Neben der Erstellung der Urkunde entsteht lediglich der Aufwand der Kreditprüfung. Buchungen fallen bei der Übernahme von Bürgschaften nur in geringem Umfang an.

Ein weiterer Vorteil für die Bank sind die gewinnbringenden Avalprovisionen, die ohne Kapitaleinkaufskosten zu rechnen sind und sich nach Wagnis, Laufzeit und Höhe der Bürgschaft richten[13]. Bei Anzahlungsbürgschaften — also einer Bürgschaft, die vom Besteller zur Absicherung einer geleisteten Anzahlung gefordert wird — erfolgt i.d.R. eine Unterlegung des Avalkredites durch Termingelder (bestehend aus der Anzahlung), so daß kein Risiko für die bürgende Bank besteht.

Durch die Bürgschaftsübernahme erweitert die Bank ihre Geschäftstätigkeit; sie kann neue Kunden gewinnen. Übernimmt eine Bank das Avalrisiko für einen neuen Kunden, so werden sich dadurch in der Regel weitere Geschäftsmöglichkeiten mit diesem Kunden eröffnen. Der Avalkredit ist somit ein geeignetes Instrument, um eine noch nicht bestehende Kundenbeziehung aufzubauen oder eine Nebenverbindung auszuweiten.

Durch die Übernahme von Bürgschaften anstelle einer Barkreditherausgabe erweitert die Bank ihr Gesamtkreditvolumen. Dies ergibt sich aus der unterschiedlichen Anrechnung von Bar- und Avalkrediten auf den Eigenkapitalgrundsatz I. Nach § 10 Abs. I S. 1 KWG müssen die Kreditinstitute im Interesse der Erfüllung ihrer Verbindlichkeiten gegenüber ihren Gläubigern ein angemessenes haftendes Eigenkapital haben. In § 10 Abs. I S. 2 KWG ist bestimmt, daß das Bundesaufsichtsamt für das Kreditwesen im Einvernehmen mit der Deutschen Bundesbank Grundsätze[14] aufstellt, nach denen die Erfüllung dieser Anforderung beurteilt werden kann. Einer dieser nach § 10 Abs. I S. 2 KWG aufgestellten Grundsätze ist der Eigenkapitalgrundsatz I.

Der Eigenkapitalgrundsatz I behandelt die Angemessenheit von Krediten und Beteiligungen der Bank in Bezug auf das haftende Eigenkapital. Danach dürfen Kredite und Beteiligungen eines Kreditinstitutes das 18fache seines haftenden Eigenkapitals nicht übersteigen. Zwar gehören zu den Krediten die Barkredite ebenso wie die Avalkredite[15]. Jedoch werden nach dem Eigenkapitalgrundsatz I Abs. I Nr. 3 c i.V.m. Abs. II Nr. 3 die Avalkredite in Höhe der Hälfte der Kreditsumme auf das Eigenkapital angerechnet.

Dies bedeutet, daß eine Bank durch den Verkauf von Avalkrediten ihr Ausleihvolumen erhöhen kann, ohne gleichzeitig das haftende Eigenkapital in vollem Umfang anzuheben und sich dadurch Freiräume bezüglich der Ausnutzung

---

[13] Schierenbeck, S. 156.

[14] Erstmals erlassen am 20.01.1969, veröffentlicht in BAnz, Nr. 17.

[15] Birck, II S. 386.

des Eigenkapitalgrundsatzes I schafft. Das maximale Ausleihvolumen wird um bis zu 50 % gesteigert.

Ein weiterer Vorteil für die Bank ergibt sich aus der unterschiedlichen Bilanzierung von Bar- und Avalkrediten. Avalkredite werden — zwar in voller Höhe — aber nur „unter dem Strich" der Bankbilanzen ausgewiesen (§ 151 Abs. V Nr. 2 AktG), d.h., sie werden in die Bilanzsumme nicht eingerechnet. Sofern der Vorstand einer Bank das Interesse hat, die Bilanzsumme niedriger zu halten, kann er durch die Vergabe von Avalkrediten gegenüber der Herausgabe von Barkrediten die Gesamtbilanzsumme verringern.

Die unterschiedliche Form der Bilanzierung bedeutet aber auch, daß das tatsächliche Haftungsvolumen aus der eigentlichen Bilanz nicht ersichtlich ist[16]. Außenstehende können den Umfang der Avale nicht erkennen, da auch nicht bankgeschäftliche Gewährleistungen und Haftungen in der Position „Eventualverbindlichkeiten" unter dem Bilanzstrich ausgewiesen werden[17]. Deshalb wird gefordert, Avalkredite aus dieser Position unter der Bilanz herauszunehmen und gesondert auszuweisen, um das tatsächliche Haftungsvolumen besser darstellen zu können[18].

II. Vorteile der Bürgschaftsübernahme für den zur Bürgschaftsstellung verpflichteten Kunden

Die Stellung von Bürgschaften gegenüber der Aufnahme von Barkrediten beinhaltet für den Kunden zunächst einen Kostenvorteil. Die Avalprovision ist i.d.R. niedriger — und damit für den Kunden günstiger —[19] als die Kosten einer Kreditaufnahme für Mittel, die direkt ausgezahlt werden.

Die Beauftragung einer Bank zur Bürgschaftsübernahme wirkt sich ebenfalls in der Bilanz des Kunden aus. Es erfolgt eine Verschiebung aus der Bilanzposition „Verbindlichkeiten gegenüber Kreditinstituten" in die Bilanzposition „Verbindlichkeiten aus Lieferungen und Leistungen". Der Kunde erreicht eine zusätzliche Gestaltungsmöglichkeit für seine Bilanz.

Zusätzlich gewinnt der Kunde einen Liquiditätsvorteil[20]. Die Übernahme der Bürgschaft durch eine Bank steigert seine Liquidität, da er vorhandenes Barkapital oder nicht ausgenutzte Kreditlinien anderweitig einsetzen kann. Dies führt schließlich zu einer Kostensenkung.

---

[16] Birck, II S. 387.

[17] Birck, II S. 387.

[18] Birck, II S. 387.

[19] vgl. dazu Bischof, Rd.-Nr. 430; Geiger, S.228.

[20] Geiger, S. 229.

Sofern die Bürgschaft zur Sicherung einer noch nicht erbrachten Gegenleistung gestellt wird, gewinnt der Kunde gegenüber seinem Vertragspartner einen Vertrauensvorsprung, da er eine Gewähr für die Erbringung seiner Gegenleistung stellt.

Teil II: Herkömmliche Einsatzgebiete der Bankbürgschaft

A. Die Bankbürgschaft als Sicherheitsleistung nach den Vorschriften der Zivilprozeßordnung

I. Anwendungsbereich

In der Zivilprozeßordnung finden sich zahlreiche Vorschriften, in denen von Sicherheitsleistungen die Rede ist. Die Ausgestaltung der Sicherheitsleistung ist in den §§ 108 ff. ZPO normiert. Dort finden sich aber nur allgemeine Regeln über die Erbringung und Rückgabe einer prozessualen Sicherheitsleistung[1]. Die §§ 108 und 109 ZPO regeln nicht den Anwendungsbereich der Sicherungsleistung. Dieser ergibt sich vielmehr aus anderen Vorschriften der ZPO, in denen eine Sicherheitsleistung angeordnet wird, sowie aus den Gesetzen, die die Vorschriften der ZPO für anwendbar erklären[2].

Die Erbringung einer Sicherheitsleistung ist in folgenden Vorschriften der ZPO vorgesehen:

⇒ einstweilige Zulassung vollmachtloser Vertreter (§ 89 Abs. I S. 1 ZPO)

⇒ Sicherheitsleistung durch Ausländer und Staatenlose (§ 110 Abs. I S. 1 und 2, § 111 ZPO)

⇒ Titeln (§ 707 Abs. I S. 1; § 709 S. 1; § 711 S. 1; § 712 Abs. I S. 1, § 712 Abs. II S. 2; § 719 Abs. I S. 2; § 720; § 720 a Abs. I S. 2; § 732 II; § 769 Abs. I; § 838; § 890 Abs. III ZPO)

⇒ Arrest und einstweiliges Verfügungsverfahren (§ 921 Abs. II S. 1; § 923[3], § 925 Abs. II; § 927 Abs. I, § 936, § 939 ZPO)

⇒ Sicherheitsleistung durch den Konkursverwalter zur Abdeckung von SE-Ansprüchen aus der Amtsführung des Konkursverwalters (§ 78 Abs. II KO)

---

[1] Belz in Münchener Kommentar, § 108 ZPO, Anm. 3.

[2] z.B. §§ 167 Abs. I, 173 VwGO, die eine subsidiäre Anwendbarkeit der ZPO im Verwaltungsgerichtsverfahren begründen, S. a. § 155 FGO.

[3] Der Wortlaut des § 923 läßt zwar nur die Hinterlegung eines Geldbetrages als Sicherheit zu, gleichwohl sind auch andere Formen der Sicherheitsleistung i.S.v. § 108 zulässig, da eine Beschränkung auf die Hinterlegung eine sachlich ungerechtfertigte Wortauslegung wäre (Hartmann in Baumbach/Lauterbach, § 923 ZPO, Anm. 1).

⇒ Bietersicherheit im Zwangsversteigerungsverfahren (§ 67 Abs. I S. 1 ZVG[4]).

⇒ Sicherheitsleistung durch den Zwangsverwalter zur Erfüllung seiner Pflichten gegenüber allen Beteiligten der Zwangsverwaltung (§ 153 II S. 1 ZVG)

Im Bereich des prozessualen Zivilrechtes ergibt sich die Pflicht oder auch das Recht zur Stellung einer Sicherheit direkt aus dem Gesetz. Dabei ist das Gericht bei einigen Vorschriften an die Anordnung einer Sicherheitsleistung zwingend gebunden (z.B. nach den §§ 110, 709, 712 ZPO), zum Teil steht die Anordnung einer Sicherheitsleistung aber auch im Ermessen des Gerichtes (z.B. nach §§ 89, 707 ZPO).

II. Art der Sicherheitsleistung

Grundnorm der prozessualen Sicherheitsleistung ist § 108 ZPO. Hier sind Art und Höhe der Sicherheitsleistung geregelt. Das Gericht[5] hat nach freiem[6] Ermessen[7] über die Ausgestaltung der Sicherheitsleistung zu befinden. Trifft das Gericht keine Bestimmung, so ist nach § 108 Abs. I S. 2 ZPO die Sicherheitsleistung durch Hinterlegung von Geld oder Wertpapieren i.S.v. § 234 Abs. I, III BGB (Mündelsicherheit[8]) zu bewirken.

III. Sicherheitsleistung durch Bankbürgschaft

Als besondere Form der Sicherheitsleistung kann das Gericht auch die Stellung eines Bürgen zulassen. Dies ergibt sich schon aus der Regelung des

[4] Nach § 69 Abs. I S. 1 ZVG ist die Sicherheitsleistung durch Hinterlegung von Geld oder Wertpapieren zu bewirken. Die Stellung eines Bürgen ist unter engen Voraussetzungen nach § 69 VI ZVG möglich, wenn das Vollstreckungsgericht dieses zuläßt. Prüfungsmaßstab ist die Vorschrift des § 239 BGB. Die Prüfung des Bürgen, insbesondere seiner Tauglichkeit, muß sofort erfolgen. Dies kann, zumal in öffentlicher Verhandlung, für den Rechtspfleger Probleme herbeiführen, wenn der Rechtspfleger den Ruf des Bürgen öffentlich prüft. Dadurch kann der Ruf des Bürgen soweit geschädigt werden, daß Amtshaftungsansprüche nicht auszuschließen sind (Storz in Steiner, § 69 ZVG, Rd.-Nr. 13 ff. (16)).

[5] Mit der Bezeichnung „Gericht" ist nicht nur das Prozeßgericht, sondern auch das Rechtsmittelgericht gemeint. Die Bestimmung der Sicherheitsleistung kann auch durch das Rechtsmittelgericht getroffen werden, wenn das erstinstanzliche Gericht keine Bestimmung getroffen hat (vgl. dazu BGH, MDR 1966, S. 501 (501) mit weiteren Hinweisen auf Rechtsprechung und Literatur.

[6] zu den Grenzen des Ermessens vgl.: BGH, NJW 1994, S. 1351 ff. (1351).

[7] Gegen die Entscheidung des Gerichtes ist die Beschwerde zulässig, in der die Anordnung aber nur auf eventuelle Ermessensfehler geprüft wird. Eine eigene Ermessensausübung ist dem Rechtsmittelgericht versagt (OLG Köln, WM 1982, S. 994 (994)).

[8] zur Mündelsicherheit vgl. § 1807 BGB und die dazu erlassenen Verordnungen (Diederichsen in Palandt, § 1807 BGB Anm. 2).

§ 109 Abs. II S. 1 ZPO, der das Verfahren der Rückgabe einer Prozeßbürgschaft regelt und damit von der Zulässigkeit einer derartigen Prozeßbürgschaft ausgeht. Häufigster Fall ist dabei die Stellung einer Bankbürgschaft[9]. Entgegen § 232 Abs. II BGB, wonach die Stellung eines Bürgen nur zulässig ist, wenn andere Sicherheiten nicht geleistet werden können, ist die Anordnung einer Prozeßbürgschaft ohne weiteres möglich[10].

Die Prozeßbürgschaft hat zahlreiche Rechtsfragen aufgeworfen. Ursache dafür ist die fehlende Normierung der Prozeßbürgschaft in der ZPO. Alle Einzelfragen müssen durch Rechtsprechung und Literatur aufgeworfen und gelöst werden.

Im einzelnen sind schon das Zustandekommen der Prozeßbürgschaft, ihre Rechtsnatur, Fragen der Zustellung der Bürgschaft, der namentlichen Bezeichnung des Bürgen im Tenor sowie die Anforderung an den Inhalt der Bürgschaft und nicht zuletzt an die Person des Bürgen fraglich und umstritten.

Im folgenden werden die Fragen behandelt, die im Zusammenhang mit der Prozeßbürgschaftsübernahme durch eine Bank aufgetreten sind. Der Schwerpunkt wird dabei auf die Anforderungen an die Qualität des Bürgen und den Inhalt der von der Bank übernommenen Bürgschaft gelegt.

1. Namentliche Bezeichnung der bürgenden Bank im Urteilstenor

Nach § 108 Abs. I S. 1 ZPO legt das Gericht die Art der Sicherheitsleistung nach freiem Ermessen fest. Wenn die Parteien keinen anderen Antrag stellen, kann der Richter sich darauf beschränken, Sicherheitsleistung in Geld anzuordnen. In diesem Fall müssen die Parteien gem. § 108 Abs. I S. 2 ZPO die Sicherheitsleistung durch Hinterlegung von Geld oder Wertpapieren erbringen. Will eine der Prozeßparteien die Sicherheitsleistung durch Bankbürgschaft erbringen, so empfiehlt es sich, einen entsprechenden Antrag zu stellen. Hat eine Prozeßpartei einen entsprechenden Antrag gestellt, sollte das Gericht dem grundsätzlich stattgeben[11], wenn die Bankbürgschaft die gleiche Sicherheit wie die Hinterlegung von Geld oder Wertpapieren bietet.

Hat die Partei in ihrem Antrag bereits den Namen der Bank genannt, die bereit ist, die Bürgschaft zu übernehmen, so könnte der Richter folgende Formulierung in seinen Urteilstenor aufnehmen: „Als Sicherheit genügt die selbstschuldnerische, unwiderrufliche und unbefristete Bürgschaft der X-Bank“[12].

Haben die Parteien den Namen ihrer Bank in ihrem Antrag nicht bezeichnet, so findet sich in den Urteilen häufig die Formulierung: „Als Sicherheit genügt

---

9 Anders/Gehle/Baader, Teil C, Rd.-Nr. 36.

10 Anders/Gehle/Baader, Teil C, Rd.-Nr. 36.

11 Anders/Gehle/Baader, Teil C, Rd.-Nr. 36.

12 zitiert nach Anders/Gehle/Baader, Teil C, Rd.-Nr. 37.

die selbstschuldnerische, unwiderrufliche und unbefristete Bürgschaft einer deutschen Großbank oder einer öffentlich-rechtlichen Sparkasse"[13]. Die Angabe eines bestimmten Kreditinstitutes fehlt in dieser Anordnung. In Rechtsprechung und Literatur ist die Frage strittig, ob eine derartige Formulierung zulässig ist, d.h. ob die bürgende Bank im Tenor des Urteils namentlich bezeichnet werden muß oder ob eine allgemeine Bezeichnung wie die oben Genannte ausreichend ist, um den tauglichen Bürgen bestimmen zu können.

Ausgangspunkt dieses Meinungsstreites ist eine Entscheidung des OLG Frankfurt[14] aus dem Jahre 1966. In diesem Urteil hatte das OLG entschieden, daß eine gerichtliche Anordnung, durch die es einer Partei gestattet wurde, eine ihr obliegende Sicherheit durch die Bürgschaft einer namentlich nicht bezeichneten „Großbank" zu erbringen, unzulässig und unwirksam sei. Begründet wurde diese Auffassung damit, daß die Anordnung über die Sicherheitsleistung so eindeutig sein müsse, daß die Vollstreckungsorgane (hier der Gerichtsvollzieher) problemlos beurteilen können, ob die verlangte Sicherheitsleistung auch entsprechend dem Urteil des Gerichtes erbracht worden sei. Es sei insbesondere zweifelhaft, welche qualitativen Anforderungen an eine Großbank zu stellen und welche konkreten Banken dazuzurechnen seien[15].

Das LG Berlin[16] ist später dieser Entscheidung gefolgt. In den Urteilsgründen wird das OLG wörtlich zitiert; eine eigene Begründung des LG Berlin fehlt. Dies gilt auch für die Kommentierung bei Thomas/Putzo[17] sowie für den Formulierungsvorschlag im Beck'schen Prozeßformularhandbuch[18].

Die herrschende Meinung[19] geht heute davon aus, daß eine namentliche Bezeichnung der bürgenden Bank dann nicht erforderlich sei, wenn die als Bürge zuzulassende Bank aus der Anordnung des Gerichtes heraus hinreichend bestimmbar sei. Demzufolge findet sich als zulässige Bezeichnung immer wieder der Vorschlag „...deutsche Großbank oder ein öffentliches Kreditinstitut"[20].

Für die herrschende Meinung sprechen überzeugende Argumente. Voraussetzung für eine wirksame Entscheidung des Gerichtes ist, daß die zugelassene

---

[13] z.B. im Fall des OLG Koblenz, ZIP 1993, S. 297 f. (297).

[14] OLG Frankfurt, OLGZ 1966, S. 304 f. (305).

[15] OLG Frankfurt, OLGZ 1966, S. 304 f. (305); ihm folgend: Noack, MDR 1972, S. 287 ff.(288).

[16] LG Berlin, Rpfleger 1978, S. 331 (331).

[17] Thomas/Putzo, § 108 ZPO, Anm. 5d aa..

[18] Büchel in Beck'sches Prozeßformularbuch I D 1, Anm. 12.

[19] BGH, NJW 1966 S. 1028 f. (1029); Hartmann in Baumbach/Lauterbach, § 108 ZPO, Anm. 2 B;Belz in Münchener Kommentar, § 108 ZPO, Rd.-Nr. 37; Herget in Zöller, § 108 ZPO, Rd.-Nr. 8; Anders/Gehle, Rd.-Nr. 180; Anders/Gehle/Baader, Teil C, Rd.-Nr. 37; Bischof, Rd.-Nr. 430; Schellhammer, Rd.-Nr. 356.

[20] so z.B. bei Bischof, Rd.-Nr. 430.

Bank für die Beteiligten hinreichend bestimmbar ist. Dies folgt schon aus § 108 ZPO, in dem der Gesetzgeber dem Gericht eine Ermessensentscheidung überantwortet hat. Mit dieser Vorschrift wird das Gericht nicht nur berechtigt, sondern auch verpflichtet, Ermessen auszuüben. Eine Übertragung dieser Kompetenz auf andere ist nicht zulässig und führt zu einer fehlerhaften Entscheidung. Das Gericht muß letztlich die Entscheidung in der Hand behalten, welche Anforderungen an die Sicherheit zu stellen sind. Die Bonität der bürgenden Bank ist wesentliche Voraussetzung für die Werthaltigkeit der Sicherheitsleistung[21]. Die Prüfung der Bonität der Bank ist deshalb bereits beim Erlaß der Entscheidung über die Sicherheitsleistung vorzunehmen und festzulegen. Sofern das OLG Frankfurt[22] in seiner Entscheidung meint, der Gerichtsvollzieher müsse Bilanzen, Umsatzgrößen, etc. prüfen, um festzustellen, ob die ihm vorgelegte Bürgschaft die einer Großbank sei, vermengt es Aspekte der hier allein zu entscheidenden Frage der Bestimmbarkeit des Bürgen mit Fragen der Tauglichkeit des Bürgen. Die Entscheidung, ob ein Bürge tauglich ist, darf nicht in der Hand des Gerichtsvollziehers liegen, sondern muß Bestandteil der ursprünglichen Entscheidung des Prozeßgerichtes bleiben[23].

Die Bezeichnung „Großbank" ist entgegen der Ansicht des OLG Frankfurt[24] auch hinreichend bestimmt. Das LG Düsseldorf[25] hat den Begriff „Großbank" dahingehend ausgelegt, daß jede Bank in Betracht komme, die ausreichend zahlungskräftig sei, um die Sicherheitsleistung jederzeit erbringen zu können. Diese nicht überzeugende Auslegung ist abzulehnen. Das LG Düsseldorf stellt sich mit dieser Definition gegen die ganz herrschende Auslegung in der Literatur. Nicht nur in der einschlägigen bankwirtschaftlichen Fachliteratur[26], sondern auch in der monatlichen Statistik der Deutschen Bundesbank[27] und letztlich auch in bekannten Nachschlagewerken[28], wird der Begriff „Großbank" einheitlich verwandt. Unter diesem Begriff werden die Deutsche Bank AG, die Dresdner Bank AG und die Commerzbank AG zusammengefaßt.

Das Gesetz über den Niederlassungsbereich von Kreditinstituten vom 29.03.1952[29], durch das die nach dem II. Weltkrieg durchgeführte Dekonzentration der drei „D-Banken" rückgängig gemacht und die Wiedereinrichtung

---

[21] LG Düsseldorf, DGVZ 19977, S. 42 f. (43).

[22] OLG Frankfurt, OLGZ 1966, S. 304 f. (305).

[23] OLG Frankfurt, OLGZ 1966, S. 304 f. (305).

[24] OLG Frankfurt, OLGZ 1966, S. 304 f. (305).

[25] DGVZ 1977, S. 42 f.(43).

[26] Handwörterbuch für das Geld-, Bank- und Börsenwesen „Großbank"; Stein, S. 17; Büschgen, S. 41; Guthardt, S. 46; Hagenmüller/Jacob, S. 109; Schierenbeck, S. 46.

[27] Monatsbericht der Deutschen Bundesbank, 12/92, III Nr. 13 und 14.

[28] z.B. in der Enzyklopädie Brockhaus, Stichwort „Banken".

[29] BGBl I, S. 217.

der Deutschen Bank AG, Dresdner Bank AG und Commerzbank AG ermöglicht wurde, wird als Großbankengesetz[30] bezeichnet. Damit ergibt sich aus dem allgemeinen Sprachgebrauch der Begriff der Großbank eindeutig. Es handelt sich bei der Bezeichnung „Großbank" um einen feststehenden Begriff, unter den in Deutschland nur die drei Banken Deutsche Bank AG, Dresdner Bank AG und Commerzbank AG einzuordnen sind. Die Bezeichnung Großbank ist damit hinreichend bestimmbar, so daß der Formulierungsvorschlag „Bürgschaft einer deutschen Großbank" rechtlich und tatsächlich unbedenklich und damit zulässig ist.

2. *Tauglichkeit des Bürgen*

Der Sicherungswert einer Bürgschaft (Werthaltigkeit) hängt in besonderem Maße von der wirtschaftlichen Leistungsfähigkeit und Integrität des Bürgen ab. Der Sicherungszweck kann nur erreicht werden, wenn der Bürge die Gewähr dafür bietet, bei einer eventuellen Inanspruchnahme aus der Bürgschaft auch leisten zu können. Demzufolge darf das Gericht im Rahmen seiner Ermessensentscheidung nur einen tauglichen Bürgen bestimmen[31].

Das Merkmal der Tauglichkeit des Bürgen wird in § 108 ZPO nicht genannt. Es entstammt vielmehr der Regelung des § 232 Abs. II BGB. Was unter einem tauglichen Bürgen zu verstehen ist, bestimmt § 239 Abs. I BGB.

Danach ist ein Bürge tauglich, wenn er ein der Höhe der zu leistenden Sicherheit angemessenes Vermögen besitzt und seinen allgemeinen Gerichtsstand im Inland hat. Gegen die Anwendung dieser BGB-Vorschrift auf die ZPO-Bürgschaft zur Ausfüllung einer Gesetzeslücke bestehen nach allgemeiner Auffassung keine Bedenken[32]. In Rechtsprechung und Literatur zur Zivilprozeßordnung wird immer wieder auf die Bestimmung des § 239 BGB zur Ausfüllung des Begriffes der Tauglichkeit zurückgegriffen[33].

---

30 Handwörterbuch für das Geld-, Bank- und Börsenwesen, — Großbankengesetz —.

31 Belz in Münchener Kommentar, § 108 ZPO, Rd.-Nr. 36.

32 BayObLG, DB 1988, S. 1846 ff. (1846); Hartmann in Baumbach/Lauterbach, § 108 ZPO, Anm. 3 I; Belz in Münchener Kommentar, § 108 ZPO, Rd.-Nr. 36; Leipold in Stein/Jonas, § 108 ZPO, Rd.-Nr. 16; Thomas/Putzo, § 108 ZPO Anm. 5 d aa.; Herget in Zöller, § 108 ZPO, Rd.-Nr. 7; Anders/Gehle/Baader, Teil C Rd.-Nr. 37.

33 BayObLG, DB 1988, S. 1846 ff. (1846); OLG Celle, MDR 1962, S. 485 (485); Hartmann in Baumbach/Lauterbach, § 108 ZPO, Anm. 3 I; Belz in Münchener Kommentar, § 108 ZPO, Rd.-Nr. 36; Leipold in Stein/Jonas, § 108 ZPO, Rd.-Nr. 16; Thomas/Putzo, § 108 ZPO, Anm. 5 d aa.; Herget in Zöller, § 108 ZPO, Rd.-Nr. 7; Anders/Gehle/Baader, Teil C Rd.-Nr. 37.

a) Die Regelung nach § 239 Abs. I BGB zur Angemessenheit des Vermögens

Gemäß § 239 Abs. I BGB ist ein Bürge tauglich, wenn er ein der Höhe der zu leistenden Sicherheit angemessenes Vermögen besitzt. Was unter einem angemessenen Vermögen zu verstehen ist, wird vom BGB nicht definiert.

Unklar ist zunächst das Merkmal der Angemessenheit. Es läßt sich nur anhand des Zwecks der Sicherheitsleistung bestimmen[34]. Der Bürgschaftsberechtigte soll vor Schäden geschützt werden. Erforderlich ist demzufolge, daß im Schadensfall beim Bürgen ausreichende Mittel vorhanden sind, um die Forderung des Bürgschaftsgläubigers zu erfüllen. Demnach soll der Bürge nur dann tauglich sein, wenn die Summe seiner geldwerten Güter unter Abzug der Schulden einschließlich der unpfändbaren Gegenstände die Höhe der zu leistenden Sicherheit übersteigt[35]. Fahse[36] zieht noch einen Sicherheitsabschlag von einem Drittel des Vermögens ab, so daß zwei Drittel dieses zu ermittelnden Vermögens die Höhe der Sicherheitsleistung zu erreichen haben. Heinrichs[37] stattdessen fordert, daß der pfändbare Teil des Vermögens die Summe der Schulden deutlich übersteigen müsse.

Dem Vermögen wird ein regelmäßiges, wiederkehrendes Einkommen in entsprechender Höhe gleichgestellt, wenn es sicher ist[38].

Die Analyse der herrschenden Meinung zeigt, daß sich absolute Maßstäbe für die Beurteilung der Tauglichkeit nicht aufstellen lassen. Es ist vielmehr auf den jeweiligen Einzelfall abzustellen. Auch wenn das freie Vermögen vor der Beurteilung der Tauglichkeit noch einem Sicherheitsabschlag von ca. 30 % unterworfen wird, so zeigt sich doch, daß die Übernahme der Bürgschaft für den Bürgen eine Angelegenheit sein kann, die seine finanzielle Kraft voll in Anspruch nimmt. Sofern in einem solchen Fall eine Verminderung in seinem Vermögen eintritt, ist der Wert der Sicherheit nachhaltig beeinträchtigt. Einer gesonderten Betrachtung bedarf die Frage, ob die Übernahme einer derartigen Bürgschaft vor dem Hintergrund des § 419 BGB werthaltig (tauglich) sein kann. Ein Bürge, der durch die Bürgschaft sein gesamtes oder einen großen Teil seines Vermögens aus der Hand gibt, übergibt letztlich sein Vermögen i.S.v. § 419 BGB, mit der Folge, daß der Bürgschaftsbegünstigte die Folgen einer Vermögensübernahme zu tragen hätte.

---

[34] s.a. Fahse in Soergel/Siebert, § 239 BGB, Rd.-Nr. 2.

[35] Fahse in Soergel/Siebert, § 239 BGB, Rd.-Nr. 2.

[36] Fahse in Soergel/Siebert, § 239 BGB, Rd.-Nr. 2.

[37] Heinrichs in Palandt, § 239 BGB, Anm. 1 unter Berufung auf ein Urteil des BayObLG in DB, 1988, S. 1846 ff.

[38] Larenz, BGB AT, § 35, 7; Feldmann in Münchener Kommentar § 239 BGB, Rd.-Nr. 1; Heinrichs in Palandt, § 239 BGB, Anm. 1;Fahse in Soergel/Siebert, § 239 BGB, Rd.-Nr. 2, Fn. 1; Dilcher in Staudinger, § 239 BGB, Rd.-Nr. 2.

Sofern ein sicheres, regelmäßig wiederkehrendes Einkommen als ausreichend für die Bürgschaftsübernahme angesehen wird, sind auch hier Bedenken angebracht. In Zeiten mit Dauerarbeitslosigkeit und wirtschaftlicher Rezession kann die Regelmäßigkeit eines Einkommens unsicher sein. Ein erzieltes Einkommen ist noch kein Indiz dafür, daß dieses auch in Zukunft erreicht wird. Ein unkalkulierbares Risiko entsteht in diesen Fällen insbesondere dann für den Bürgschaftsgläubiger, wenn die Bürgschaft über einen langen Zeitraum bemessen ist. Zudem ist fraglich, ob der Bürgschaftsgläubiger durch die Stückelung dieses „Bürgschaftsvermögens" pro rata temporis quasi auf eine Ratenzahlung seiner Forderung verwiesen werden kann und wie hoch die Bürgschaft im Verhältnis zum jährlichen Einkommen sein darf. Der Sicherungszweck gebietet hier, daß allenfalls ca. zwei Monatsbeträge die Bürgschaftsumme zu decken haben, da andernfalls der Gläubiger unzumutbar lange auf die Erfüllung seiner Forderung warten muß.

Rechtfertigen läßt sich die Ermittlung der Tauglichkeit des Bürgen nach der Höhe und Qualität seines Einkommens nur durch die Tatsache, daß die Vorschriften der §§ 232 ff. BGB dispositiv sind. Derjenige, der eine bestimmte Person als Bürgen im Rahmen einer ihm zustehenden Sicherheitsleistung akzeptiert, muß selbst entscheiden, welche Anforderungen er an die Tauglichkeit seines Bürgen stellen will. Im übrigen ist das Einkommen als Kriterium der Tauglichkeit für den hier zu untersuchenden Fall der Bankbürgschaft ohne Bedeutung, da Banken nicht über ein Einkommen i.S. der obigen Überlegungen verfügen.

b) Angemessenes Vermögen i.S.d. Zivilprozeßordnung

Entscheidend ist, ob die eben dargestellten Anforderungen an die Tauglichkeit eines Bürgen nach den Vorschriften des BGB auch für die Prozeßbürgschaft anwendbar sind. Der Zweck des § 108 ZPO liegt darin, den Sicherungsberechtigten vor Schäden zu schützen. Die Tauglichkeit des Bürgen und damit die Gewähr seiner Leistungsfähigkeit müssen im Fall der Inanspruchnahme außer Zweifel stehen.

aa) Darstellung des Meinungsstandes

In einer Entscheidung aus dem Jahr 1957 hat das OLG Nürnberg[39] herausgestellt, daß sich feste Regeln darüber, welche Anforderungen an die Tauglichkeit eines Bürgen zu stellen seien, nicht aufstellen ließen. Das OLG arbeitete folgen-

[39] OLG Nürnberg, Rpfleger 1959, S. 65 (65).

den „Spannungsbogen" heraus, in dem sich die Anforderungen an den Bürgen bewegen müssen: Einerseits gebiete es das Interesse des Sicherungsgläubigers, daß der von dem Sicherungsschuldner vorgeschlagene Bürge zur Erfüllung der Sicherheit in der Zukunft in der Lage sein müsse, wenn er zu leisten habe[40]. Dem Sicherungsschuldner andererseits müsse die Möglichkeit gegeben werden, unter mehreren möglichen Bürgen den auszusuchen, der ihm gegenüber auch zur Bürgschaftsübernahme bereit sei. Dieses Argument folgt daraus, daß die Bürgschaftsübernahme für die Bank ein Kreditgeschäft ist. Einen derartigen Kredit übernimmt am ehesten die Hausbank des Schuldners, so daß diesem daran gelegen sein wird, seine Hausbank als Bürgen zugelassen zu bekommen. Sofern eine Bank die Bürgschaft übernehmen wolle, sei diese abzulehnen, wenn sie als „unsicher" bekannt sei[41]. Auch sei das Vermögen der Bank im Verhältnis zur übernommenen Sicherheitssumme (Bürgschaftssumme) zu berücksichtigen. Bei kleineren Bürgschaftssummen kämen deshalb auch kleinere Institute als taugliche Bürgen in Betracht. Als Ergebnis dieser Ausführung kam das OLG dann zu dem Schluß, daß die angebotene Bank — eine eingetragene Genossenschaft mit beschränkter Haftpflicht — für die Haftungssumme von 2.100,00 DM ein angemessenes Vermögen besaß und damit als tauglicher Bürge zulässig war.

Ebenfalls auf die „niedrige" Höhe der Bürgschaftssumme (dort: 2.600,00 DM) hat das OLG Celle[42] in einem Beschluß aus dem Jahr 1962 seine Entscheidung abgestellt. § 232 Abs. II BGB gebiete es nicht, lediglich Großbanken und öffentlich-rechtliche Kreditinstitute als taugliche Bürgen i.S.v. § 239 Abs. I BGB anzusehen. Entscheidend sei vielmehr, daß der Bürge bei Inanspruchnahme zur Leistung in der Lage sei. Auch private Bankhäuser könnten grundsätzlich diese Bedingung erfüllen. Da im zu entscheidenden Einzelfall die Bürgschaftssumme gering war und der Bürgschaftsgläubiger keine Gründe vorgetragen hatte, die gegen die Zahlungsfähigkeit der angebotenen Bank sprachen, ist diese vom OLG Celle als tauglicher Bürge zugelassen worden.

Das OLG Köln[43] hat demgegenüber in einer aktuellen Entscheidung die Tauglichkeit einer kleinen Genossenschaftsbank als Bürge verneint. Zur Begründung führt das OLG aus, es sei nicht hinreichend sicher, daß Bürgschaften der in der Regel kleinen Genossenschaftsbanken eine taugliche Sicherheit i.S.v. § 108 ZPO darstellen, da über die Vermögenslage und Zahlungsfähigkeit dieser Banken nichts näheres bekannt sei. Außerdem nähmen nach der Kenntnislage

---

[40] OLG Nürnberg, Rpfleger 1959, S. 65 (65).

[41] OLG Nürnberg, Rpfleger 1959, S. 65 (65).

[42] OLG Celle, Beschluß vom 08.03.1962, MDR 1962, S. 485 (485).

[43] OLG Köln, Beschluß vom 11.11.1991 — 20 U 148/90 — (rechtskräftig), die Entscheidung ist bisher, soweit ersichtlich, nicht veröffentlicht. Sie wurde aber von Röttger in EWiR 1/93 zu § 108 ZPO besprochen, nach Auskunft des Rezensenten sind die hier interessierenden Passagen des Beschlusses in der Besprechung in EWiR wörtlich abgedruckt.

des Senates Bürgschaftsforderungen an der Einlagensicherung durch die Sicherungseinrichtung des Genossenschaftsverbandes nicht teil.

In einem weiteren Beschluß vom 15.07.1982 hat das OLG Köln[44] die Entscheidung eines nicht genannten Landgerichtes bestätigt, in dem eine „W.Volksbank e.G." für einen Betrag von 77.500,00 DM nicht als tauglich angesehen wurde. Das Landgericht hatte zur Begründung ausgeführt, die Finanzkraft anderer Banken als Großbanken und öffentlicher Sparkassen zu überprüfen, führe im Einzelfall zu praktischen und unüberwindbaren Schwierigkeiten.

Nach Ansicht des LG Düsseldorf[45] kommt es bei der Bemessung der Tauglichkeit eines Kreditinstitutes auf die Höhe der Bilanzsumme im Verhältnis zur Bürgschaftshöhe an. Demgemäß hat das Landgericht eine Volksbank mit 100 Mio. DM Bilanzsumme für eine Bürgschaft von DM 35 500,00 DM für tauglich gehalten.

Herget[46] zieht zur Prüfung der Tauglichkeit des Bürgen § 239 Abs. I BGB analog heran. Auch angesehene Banken oder kleinere Genossenschaftsbanken seien danach taugliche Bürgen einer Prozeßbürgschaft, wenn gegen ihre Zahlungsfähigkeit keine Bedenken bestehen und ihr Vermögen ausreichend erscheine. Bedenken gegen die Zahlungsfähigkeit einer Bank habe der Sicherungsgläubiger vorzubringen. Die Genossenschaftsbanken sollten deshalb nach Ansicht Hergets als zulässige Bürgen in den allgemein üblichen Tenor mit aufgenommen werden.

Auch Leipold[47] hält „kleine Bankgeschäfte" für tauglich, wenn nach ihrem Vermögensstand gegen ihre Zahlungsfähigkeit keinerlei Bedenken bestünden.

Hartmann[48] verlangt die Bürgschaft einer „angesehenen Bank", wobei bei der Auswahl der Bank durch das Gericht im Rahmen der Ermessensentscheidung die Höhe der Sicherheitsleistung im Verhältnis zur Größe der Bank zu berücksichtigen sei.

Belz[49] verweist bei der Ausfüllung des Begriffes der Tauglichkeit zunächst auf § 239 Abs. I BGB. Er stellt den Großbanken und öffentlich-rechtlichen Kreditinstituten die Volks- und Raiffeisenbanken gleich, sofern gegen ihre Zahlungsfähigkeit keine Bedenken beständen und ihr Vermögen ausreichend erscheine.

---

44 OLG Köln (– 12 W 21/82 –), WM 1982, S. 994 (994).

45 LG Düsseldorf, DGVZ 1977, S. 42 f. (43).

46 Herget in Zöller, § 108 ZPO, Rd.-Nr. 7.

47 Leipold in Stein/Jonas, § 108 ZPO, Rd.-Nr. 15.

48 Hartmann in Baumbach/Lauterbach, § 108 ZPO, Anm. 2 B.

49 Belz in Münchener Kommentar, § 108 ZPO,Rd.-Nr. 36.

Thomas/Putzo[50] verlangen eine für die Sicherheitsleistung „sichere Bank“ und stellen damit ebenfalls auf das Verhältnis Bürgschaftssumme zum Vermögen der Bank ab.

Anders/Gehle[51] hielten zunächst nur die Bürgschaft einer westdeutschen Großbank oder Sparkasse für zulässig. In ihrem aktuellen Anleitungsbuch für Richter und Referendare[52] wird diese Frage differenzierter betrachtet. Zunächst halten sie daran fest, daß Großbanken und öffentlich-rechtliche Sparkassen als taugliche Bürgen in Frage kommen. Als Sonderfall eines tauglichen Bürgen seien die Volks- und Raiffeisenbanken anzusehen, sofern sie einem Einlagensicherungsfonds angeschlossen seien. Dieser versetze auch die einzelne „Bankniederlassung“ in die Lage, größere Zahlungsverpflichtungen zu erfüllen, wenn die Niederlassung aus eigener Kraft nicht mehr dazu in der Lage sei.

Bei Goedecke[53] findet man lediglich einen Hinweis auf die analoge Anwendung von § 239 Abs. I BGB.

bb) Stellungnahme

Die Lösung des Problemes, welche Voraussetzungen an die Tauglichkeit einer Bank anzulegen sind, hat sich am gesetzgeberischen Zweck der Vorschrift des § 108 ZPO zu orientieren: Der Bürgschaftsgläubiger soll eine Sicherheit erhalten, die im Falle des Ausfalles des Hauptschuldners ohne Zweifel werthaltig ist. Es muß also gewährleistet sein, daß im Sicherungsfall die jeweilige bürgende Bank zweifelsfrei zur Erfüllung der Bürgschaftsforderung mit den notwendigen finanziellen Mitteln in Form von haftendem Eigenkapital ausgestattet ist. Entscheidend für das Vermögen des Kreditinstitutes ist die Höhe seines haftenden Eigenkapitals, nicht aber die Höhe der Bilanzsumme, wie dies fälschlich das LG Düsseldorf meint.[54] Für das Gericht bedeutet dies zunächst, daß es in jedem Einzelfall die Tauglichkeit der angebotenen Bank individuell prüfen muß. Da dem Gericht in der Regel die erforderlichen Unterlagen nicht vorliegen werden und es dem Gericht auch nicht in jedem einzelnen Prozeß zugemutet werden kann, die Tauglichkeit der Bank als Bürge zweifelsfrei sicherzustellen, wird im folgenden nach einer anderen Lösung gesucht, die es dem Gericht ermöglicht, ohne Bilanzanalyse die Tauglichkeit einer Bank zu untersuchen.

Da die Vermögens- und Haftungslage bei den einzelnen Bankengruppen (Großbanken, Regionalbanken, Genossenschaftsbanken, Privatbankiers, etc.)

---

50 Thomas/Putzo, § 108 ZPO, Anm. 5 d aa.

51 Anders/Gehle, Rd.-Nr. 180.

52 Anders/Gehle/Baader, Teil C, Rd.-Nr. 37.

53 Goedecke, S. 171.

54 DGVZ 1977, S. 42 f. (43) .

bzw. den öffentlich-rechtlichen Kreditinstituten verschieden ausgestaltet ist, wird die Frage der Tauglichkeit der Banken bzw. die Feststellung der Tauglichkeit für die einzelnen Institutsgruppen getrennt geprüft.

Zunächst wird die Tauglichkeit der öffentlich-rechtlichen Kreditinstitute als Bürgen untersucht. Zu den öffentlich-rechtlichen Kreditinstituten gehören:

⇒ die Sparkassen einschließlich der Girozentralen,

⇒ die öffentlich-rechtlichen Kreditinstitute mit Sonderaufgaben,

⇒ die öffentlich-rechtlichen Realkreditinstitute und

⇒ die Deutsche Bundesbank[55].

Von diesen Instituten übernehmen nur die Sparkassen und Girozentralen Prozeßbürgschaften. Die Besonderheit der Sparkassen besteht in der Gewährträgerhaftung nach dem jeweiligen Landessparkassengesetz, in Niedersachsen nach § 5 des Niedersächsischen Sparkassengesetzes (NSpG). Diese Vorschrift bestimmt, daß für die Verbindlichkeiten der Sparkasse der Gewährträger unbeschränkt haftet. Nach § 1 NSpG sind zulässige Gewährträger nur Gemeinden, Landkreise sowie Zweckverbände, denen nur Gemeinden und Landkreise angehören.

Da die Unerschöpflichkeit der Finanzkraft des Staates unzweifelhaft ist — Gemeinden und Landkreise sind weder konkurs- noch vergleichsfähig (§ 136 Abs. II NGO, § 68 Abs. II NLO)- wird die Gewährträgerhaftung als Garantie für die Sicherheit der Sparkassenbürgschaft angesehen. Bürgschaften von Sparkassen können deshalb ohne Rücksicht auf die Höhe der Bürgschaft[56] als Sicherheiten akzeptiert werden.

Zu den drei Großbanken gehören nach allgemeiner Auffassung die Deutsche Bank AG, die Dresdner Bank AG und die Commerzbank AG[57].

Die Großbanken werden nach allgemeiner Auffassung[58] als taugliche Bürgen angesehen.

---

[55] Hagenmüller/Diepen, D II.

[56] Im Innenverhältnis der Sparkasse ist, wie bei jedem anderen Kreditinstitut auch, die Höhe der Bürgschaftssumme als Kreditentscheidung an die jeweilige Kreditkompetenz des Genehmigungsträgers gebunden. Aus Sicht der Sparkasse folgt damit im Tatsächlichen auch eine Begrenzung der Höhe der Bürgschaftssumme. Diese Begrenzung bezieht sich aber nur auf das Innenverhältnis zwischen dem Kompetenzträger und der jeweiligen Sparkasse, nicht aber auf das Verhältnis zwischen der Sparkasse und dem beauftragenden Kunden bzw. dem Bürgschaftsnehmer.

[57] s.S. 21; vgl. dazu auch OLG Düsseldorf, ZIP 1982, S. 366 f. (367); das Überlegungen bzgl. der Bank für Gemeinwirtschaft als Großbank trifft, die nach der Höhe der Bilanzsumme etwa an 12. Stelle der deutschen Banken steht.

[58] BGH, NJW 1994, S. 1351 ff. (1351); BGH, WM 1966, S. 378 f. (379); Hartmann in Baumbach/Lauterbach, § 108 ZPO, Anm. 2 B; Belz in Münchener Kommentar, § 108 ZPO, Rd.-Nr. 36; Leipold in Stein/Jonas, § 108 ZPO, Rd.-Nr. 15; Herget in Zöller, § 108 ZPO, Rd.-Nr. 8; Anders/Gehle/Baader, Teil C, Rd.-Nr. 37; Bischof, Rd.-Nr. 431; Tempel, Muster 61.

Es bedarf einer näheren Betrachtung, ob diese pauschale Formulierung richtig ist, d.h., ob die Großbanken stets als taugliche Bürgen anzusehen sind.

Zum einen können auch die Großbanken in eine „wirtschaftliche Schieflage" geraten. Der Begriff „Großbank" bezieht sich nicht unbedingt auf die Höhe des haftenden Eigenkapitals, vielmehr — auch — auf die Bilanzsumme, die Summe der ausgelegten Kredite, die Zahl der Mitarbeiter und Betriebsstellen[59] und auch auf die wirtschaftliche Macht dieser Kreditinstitute. Die Probleme der Commerzbank AG Anfang der 80iger Jahre[60] zeigen deutlich, daß auch diese Institute mit wirtschaftlichen Schwierigkeiten rechnen müssen, wenn sie die hergebrachten Bankgrundsätze nicht einhalten. Allein aus ihrer Größe eine Bevorzugung gegenüber den anderen Privatbanken zu ziehen, erscheint nicht gerechtfertigt. Zweifelsohne sind Großbanken eher in der Lage, einen relativ kleinen Ausfall zu tragen. Allgemeine wirtschaftliche Probleme schlagen sich bei ihren Kreditnehmer aber im gleichen Verhältnis wie bei kleineren Banken nieder, so daß auch viele kleine Insolvenzen eine Großbank gefährden können.

Allein die Größe einer Bank kann deshalb nicht Kriterium für die Tauglichkeit als Bürge sein. Es gilt deshalb zu hinterfragen, ob zusätzliche bzw. geeignetere Kriterien — die auch für die drei Großbanken zutreffen — vorliegen müssen, anhand derer die Tauglichkeit einer Bank als Bürge zu beurteilen ist. Diese Frage soll für alle privatrechtlichen Kreditinstitute, zu denen auch die Großbanken gehören, im folgenden untersucht werden.

Zu den privatrechtlichen Kreditinstituten werden die Aktienbanken (unter ihnen auch die drei Großbanken), sowie die Bankgeschäfte in der Rechtsform der Einzelunternehmung und Personengesellschaft (Privatbankiers) gezählt[61]. Im folgenden soll zunächst nur die Tauglichkeit der Aktienbanken und Privatbankiers allgemein als Bürgen untersucht werden.

Entscheidendes Kriterium für die Tauglichkeit eines Bürgen ist dessen angemessenes Vermögen. Für den Richter, der im Rahmen des § 108 ZPO eine Ermessensentscheidung zu fällen hat, stellt sich das Problem, wie er das Vermögen einer Bank beurteilen soll. Nur wenn er Klarheit über dieses Vermögen hat, kann er für seine Ermessensentscheidung eine brauchbare Grundlage finden. Die oben untersuchten Entscheidungen zeigen deutlich, daß Richter sich scheuen, diese — für den Prozeßverlauf nebensächliche — Frage zu untersuchen. Die Gerichte versuchen, ihre Entscheidung auf Kriterien abzustellen, die mit der wirtschaftlichen Leistungsfähigkeit einer Bank nichts zu tun haben. So wird zunächst dem Sicherungsgläubiger die Darlegungslast aufgelegt, Beden-

---

[59] vgl. dazu die Überlegungen des OLG Frankfurt in OLGZ 1966, S. 304 f. (305), ihm folgend LG Berlin, Rpfleger 1978, S. 331 (331).

[60] bedingt durch die Verletzung der „Goldenen Bankregel" -Fristenkongruente Refinanzierung-; zur Liquidität der Bank vgl. Reifner NJW 1993, S. 89 ff. (94).

[61] Hagenmüller/Diepen, D Einleitung; Schierenbeck, S. 45.

ken gegen die vorgeschlagene Bürgschaftsbank vorzutragen[62]. Im Hinblick auf den Schutzzweck der prozessualen Sicherheitsleistung — Schutz des Sicherungsgläubigers — erscheint dies richtig. In anderen Entscheidungen wird eine richterliche Untersuchung des Vermögens einer Bank mit der Begründung als überflüssig abgelehnt, es handele sich um geringe Bürgschaftssummen[63], die in keinem Verhältnis zum Umfang der Geschäftstätigkeit der Kreditinstitute stehen.

Im konkreten Einzelfall mag dieses für den Richter zweckmäßig sein. Ab einer — im einzelnen nicht festzulegenden — Höhe der Bürgschaftssumme wird ein derartiges Argument aber nicht mehr herangezogen werden können.

Selbst bei hohen Bürgschaftssummen ist es fraglich, ob es Aufgabe des Richters sein kann, sich im Einzelfall mit den Vermögensverhältnissen der angebotenen Bank auseinanderzusetzen. Dabei ist eine Bilanzanalyse durchzuführen. Die Bilanzanalyse — insbesondere von Bankbilanzen — ist ein komplexer Vorgang, der erhebliche wirtschaftswissenschaftliche Kenntnisse voraussetzt. Zudem wäre der Richter auf eine Analyse der veröffentlichten Bilanzen beschränkt. Für eine komplette Bilanzanalyse sind aber viele andere Zahlen zu verwerten, z.B. zur Risikostruktur und Sicherheitenlage der Ausleihungen[64].

Weitere Schwäche einer Bilanzanalyse ist, daß sie lediglich eine Bewertung für die Vergangenheit ermöglicht. Die Vermögenssituation einer Bank in der Vergangenheit mag ein Indiz für ihre wirtschaftliche Entwicklung in der Zukunft sein. Sicheres Kriterium für die Beurteilung der Vermögenssituation in der Zukunft kann sie jedoch nicht sein. Für die Werthaltigkeit von Prozeßbürgschaften kommt es aber gerade auf eine zukünftige Sicherheit an, da Prozeßbürgschaften — bedingt durch die lange Verfahrensdauer — häufig über einen längeren Zeitraum und nach der herrschenden Meinung unbefristet[65] ausgelegt werden müssen.

Ein weiterer zu berücksichtigender Aspekt der Tauglichkeitsprüfung durch den Richter ist die Frage, welche Folgen durch eine ablehnende richterliche Entscheidung durch den Richter auf das — am Verfahren zu diesem Zeitpunkt nicht beteiligte — Kreditinstitut zukommen. Eine publizierte negative Entscheidung wird den Ruf eines Kreditinstitutes nachhaltig beeinträchtigen und den weiteren Betrieb des Bankgeschäftes erheblich erschweren. Das Vertrauen der Kunden in die Leistungsfähigkeit der Bank wird erheblich geschädigt. Zwar wird die Leistungsfähigkeit einer Bank heute auch durch Ratingagenturen, die

62 z.B. OLG Celle, MDR 1962, S. 485 (485).

63 OLG Nürnberg, Rpfleger 1959, S. 65 (65); OLG Celle, MDR 1962, S. 485 (485).

64 Reifner, NJW 1993, S. 89 ff. (93).

65 Hartmann in Baumbach/Lauterbach, § 108 ZPO, Anm. 3 I; Belz in Münchener Kommentar, § 108 ZPO, Rd.-Nr. 26; Thomas/Putzo, § 108 ZPO 5 d bb; Leipold in Stein/Jonas, § 108 ZPO,Rd.-Nr. 18; Herget in Zöller, § 108 ZPO, Rd.-Nr. 9.

sich möglicherweise von der oben genannten ablehnenden richterlichen Entscheidung nicht beeinflussen lassen, beurteilt; gleichwohl wird der Schaden für die Bank — zumindest im Privatkundenverkehr — durch das Rating nicht verringert, da gerade im Privatkundenbereich das Rating weitgehend unbekannt ist.

Es zeigt sich, daß der Richter keine Möglichkeit hat, die Tauglichkeit einer Bank als Bürge allein anhand der wirtschaftlichen Daten aus der Vergangenheit zu beurteilen. Damit ist es nicht praktikabel, vom Gericht eine Untersuchung des Vermögens der jeweiligen Bank zu fordern, um ihre Tauglichkeit als Bürge für den Einzelfall festzustellen. Es muß deshalb nach anderen Kriterien gesucht werden, die es dem Richter ermöglichen, eine Entscheidung über die Tauglichkeit auch ohne Analyse der wirtschaftlichen Daten durchzuführen.

In Betracht kommt zunächst eine analoge Anwendung des § 1807 Nr. 5 BGB.[66] Nach der Neufassung dieser Vorschrift im Jahr 1992 dürfen Mündelgelder nicht nur bei öffentlich-rechtlichen Sparkassen, sondern auch bei anderen Kreditinstituten angelegt werden, sofern diese Mitglied einer Sicherungseinrichtung sind. Es stellt sich deshalb die Frage, ob aus der Beteiligung einer Bank an einer Sicherungseinrichtung Rückschlüsse auf ihre Tauglichkeit als Prozeßbürge gezogen werden können.

Innerhalb des Bundesverbandes Deutscher Banken e.V. besteht ein „Einlagensicherungsfonds Deutscher Banken". Nach § 2 Abs. I des Statutes des Einlagensicherungsfonds[67] hat dieser die Aufgabe, bei drohenden oder bestehenden finanziellen Schwierigkeiten von Banken, insbesondere bei drohender Zahlungseinstellung, im Interesse der Einleger Hilfe zu leisten und Beeinträchtigungen des Vertrauens in die privaten Kreditinstituten zu verhüten. Die Mitgliedschaft im Einlagensicherungsfonds ist an bestimmte wirtschaftliche Voraussetzungen gebunden, die sich nach den Zulassungsvoraussetzungen für Kreditinstitute nach dem KWG (§§ 32, 33 KWG) richten.

In § 6 des Statutes ist der Umfang der Einlagensicherung festgelegt. § 6 Abs. I 1. Abschnitt des Statutes bestimmt: Gesichert sind Verbindlichkeiten gegenüber Nichtkreditinstituten, die in der Bilanzposition „Verbindlichkeiten aus dem Bankgeschäft gegenüber anderen Gläubigern" auszuweisen sind.

In dieser Position werden die Sichteinlagen, Einlagen mit vereinbarter Laufzeit oder Kündigungsfrist (im wesentlichen Termineinlagen) sowie die Spareinlagen ausgewiesen[68].

Übernommene Avale werden in der Bankbilanz nicht erwähnt, sondern als Eventualverbindlichkeiten „unter dem Strich" unter der Position „Verbindlichkeiten aus Bürgschaften, Wechsel- und Scheckbürgschaften sowie aus Gewähr-

---

[66] Dieses wird von Beuthin/Jöstingmeier, NJW 1994, S. 2070 ff. (2071) vorgeschlagen.

[67] Bundesverband Deutscher Banken e.V., Statut des Einlagensicherungsfonds, Köln 1991.

[68] Birck, II S. 303.

leistungsverträgen" aufgeführt. Daraus ergibt sich, daß Avale wegen ihrer bilanztechnischen Behandlung durch den Einlagensicherungsfonds nicht geschützt sind. Allerdings ist darauf hinzuweisen, daß der Einlagensicherungfond und das damit verbundene Prüfungswesen (geregelt in § 8 des Statutes) insgesamt zu einer Stabilisierung der mitwirkenden Banken beiträgt, so daß mittelbar der Einlagensicherungsfonds auch für die Avalbegünstigten von Vorteil ist.

Die private Bankwirtschaft sollte prüfen, ob die Forderungen aus Prozeßbürgschaften in den geschützten Kreis mit aufgenommen werden. Dies wäre ohne größere Kosten möglich. Die private Bankwirtschaft könnte die Sicherung dann als Argument für die Übernahme von Prozeßbürgschaften durch ihre Mitglieder anführen. Durch die Sicherung wären die privaten Banken dann ohne Rücksicht auf die Höhe des haftenden Eigenkapitals als Bürgen tauglich. Auf diese Weise wird verhindert, daß sich Richter mit schwierigen Fragen zur Bilanzanalyse von Bankbilanzen beschäftigen müssen und letztlich zu, für die Bankwirtschaft unerwünschten, Aussagen kommen, nach denen eine bestimmte Bank als Bürge nicht tauglich ist, weil sie nicht über ein angemessenes Vermögen verfügt.

In der Zwischenzeit muß das Gericht im Rahmen prozeßleitender Verfügungen den möglichen Sicherungsschuldner auf sein Vorschlagsrecht bzgl. einer bürgenden Bank hinweisen. Der Sicherungsschuldner wird in der Regel dann eine konkrete Bank nennen, die für ihn die Bürgschaft übernehmen soll. Der Sicherungsberechtigte hätte die Möglichkeit, im Verfahren gegebenenfalls Bedenken zu äußern und entsprechend seiner Darlegungslast konkrete Gründe vorzutragen, aus denen heraus er eine Bürgschaft der angebotenen Bank nicht akzeptieren kann. Es wäre dann Aufgabe des Sicherungsschuldners, sich entweder eine andere Bank zu suchen und diese vorzuschlagen oder aber mit Hilfe seiner Hausbank die Bedenken zu zerstreuen. Hierdurch wird dem Gericht zwar eine aufwendige und schwierige Untersuchungen über die Bonität einer Bank nicht erspart, aber durch die Beteiligung der betroffenen Bank und die Vorlage entsprechender Unterlagen die Prüfung der Bonität erleichtert. Das Gericht hat die Möglichkeit, Schwierigkeiten bei der Stellung der Sicherheit dadurch zu beseitigen, daß es durch Beschluß die Art der Sicherheit — auch nachträglich — ändert[69]. Auf diese Weise werden die Rechte der am Verfahren nicht beteiligten Bank gewahrt und letztlich die privaten Banken vor negativen Entscheidungen bzgl. ihrer Bonität geschützt. Auch die Interessen der Prozeßbeteiligten werden hierdurch gewahrt. Der Sicherungspflichtige wird in die Lage versetzt[70], seine Hausbank, die am ehesten bereit sein wird, den Avalkredit zu gewähren, als Bürgen zu stellen. Dadurch wird es ihm erst ermöglicht, überhaupt eine Sicherheit zu leisten. Auch für den Sicherungsberechtigten ergeben sich im Verhältnis zur

[69] Belz in Münchener Kommentar, § 108 ZPO, Rd.-Nr. 59.

[70] zur Bedeutung des Hausbankprinzipes vgl.: Terrahe, S. 145 ff. (165).

bisherigen Praxis keine Nachteile, da das Gericht die Tauglichkeit der Bank zu seinem Schutz prüft.

Schließlich bleibt die Tauglichkeit der Genossenschaftsbanken als Bürge zu prüfen. Wie das oben genannte Beispiel[71] aus der neueren Rechtsprechung zeigt, werden bei der Anerkennung der kleinen Genossenschaftsbanken als taugliche Bürgen Zweifel laut. Die Gründe hierfür liegen in der sehr geringen Größe und Wirtschaftskraft der einzelnen Genossenschaftsbanken, ihrer Anfälligkeit gegenüber Kreditausfällen, dem geringen Haftungsvolumen der eingetragenen Genossenschaften und den zahlreichen Meldungen über Zahlungsschwierigkeiten der kleinen Kreditgenossenschaften.

Demgegenüber weisen Anders/Gehle/Baader[72] darauf hin, daß die meisten Raiffeisenbanken einem Einlagensicherungsfonds angeschlossen seien. In der Tat besteht beim Bundesverband der Deutschen Volksbanken und Raiffeisenbanken e.V. (BVR) ein „Sicherungseinrichtung" genannter Garantiefonds.

Zweck des Garantiefonds ist es, drohende oder bestehende wirtschaftliche Schwierigkeiten der Mitgliedsbanken abzuwenden oder zu beheben und Beeinträchtigungen des Vertrauens in die genossenschaftlichen Kreditinstitute zu verhüten (§ 1 Abs. I der Satzung des Garantiefonds)[73]. Insofern stimmen Aufgabe und Ziel mit dem des Einlagensicherungsfonds der privaten Bankwirtschaft überein, auch soweit es sich bei der Einrichtung des Fonds um eine vertrauensbildende Maßnahme handelt.

In § 1 Abs. II der Satzung sind die geschützten Positionen genannt. Auch hier handelt es sich im wesentlichen um Sichteinlagen, Termineinlagen und Spareinlagen. Zugleich werden aber sonstige Bilanzpositionen mit einbezogen, die in sogenannten „Verfahrensregeln" gesondert genannt werden können.

Mit Hilfe sogenannter „Ergänzender Bestimmungen zu Regelungen" im Statut hat der BVR als Satzungsgeber in Nr. II 1 a ac Verbindlichkeiten aus Bürgschaften, soweit es sich um Prozeßbürgschaften handelt, in den Kreis der geschützten Positionen mit einbezogen.

Hier liegt der Unterschied zu den Regeln des Einlagensicherungsfonds der privaten Bankwirtschaft, der Prozeßbürgschaften, wie oben dargestellt, nicht mit in die Sicherung einbezieht.

Für die Beurteilung der Tauglichkeit von genossenschaftlichen Kreditinstituten als Bürgen nach der ZPO bedeutet dies, daß diese Institute den Sparkassen gleichgestellt werden können. Es gibt keinen Anlaß, an der Werthaltigkeit der übernommenen Prozeßbürgschaften zu zweifeln. Sofern die bürgende Genos-

71 OLG Köln, EWiR 1/93 zu § 108 ZPO.

72 Anders/Gehle/Baader, Teil C, Rd.-Nr. 37.

73 vgl. dazu auch: Hunecke, EWiR 3/93 zu § 242 BGB.

senschaftsbank in Zahlungsschwierigkeiten gerät, wird die Sicherungseinrichtung für die Erfüllung der Forderungen sorgen.

Voraussetzung ist allerdings, daß die betroffene Bank der Sicherungseinrichtung angehört. Nach § 3 der Satzung der Sicherungseinrichtung sind dies alle Banken, die Mitglied des Bundesverbandes Deutscher Volksbanken und Raiffeisenbanken e.V. sind. Die Gerichte sollten also im Interesse der Sicherungsgläubiger nur Prozeßbürgschaften derjenigen Genossenschaftsbanken zulassen, die diese Voraussetzung erfüllen. Zweckmäßig wäre es, eine entsprechende Bestätigung der Bank in die Bürgschaftsurkunde aufzunehmen.

Die Genossenschaftsbanken haben durch die Einbeziehung der Prozeßbürgschaften kaum höhere Kosten für ihre Einlagensicherung als die privaten Banken. Zur Deckung der Kosten der Sicherungseinrichtung ist nach § 6 Abs. II a der Satzung der Sicherungeinrichtung ein Betrag von 0,05 % der ausgelegten Kredite durch die Genossenschaften zu zahlen, wobei die Avale wie andere Kredite auch, voll angerechnet werden. Angesichts üblicher Avalprovisionen für Prozeßbürgschaften von 1 — 3 % der Bürgschaftssumme erscheint der Betrag von 0,05 % der Bürgschaftssumme für die Einlagensicherung gering. Die private Bankwirtschaft sollte deshalb diese Regelung übernehmen und die Satzung ihres Einlagensicherungsfonds entsprechend anpassen.

Für die Genossenschaftsbanken stellt sich das Problem, daß Gerichten diese Regelung nicht bekannt ist[74]. Dies gilt auch für die aktuelle Entscheidung des OLG Köln[75]. Es ist Aufgabe der Genossenschaftsbanken, diese Kenntnis den Gerichten zu vermitteln, gegebenenfalls durch Hinweise an die Kunden, entsprechende Anträge vor Gericht zu stellen.

Die Genossenschaftsbanken könnten so das Eindringen von anderen Kreditinstituten in intakte Kundenbeziehungen verhindern.

3. Zulässigkeit von befristeten Prozeßbürgschaften

a) Darstellung des Meinungsstandes

In der Literatur[76] wird einhellig die Meinung vertreten, daß die Prozeßbürgschaft unbefristet abzugeben ist. Eine Begründung für diese Ansicht findet man

---

[74] Röttger in EWiR 1/93 zu § 108; Beuthin/Jöstingmeier, NJW 1994, S. 2070 ff.(2072).

[75] OLG Köln, Besprechung durch Röttger in EWiR 1/93 zu § 108 ZPO.

[76] Hartmann in Baumbach/Lauterbach, § 108 ZPO, Anm. 3 I; Belz in Münchener Kommentar, § 108 ZPO, Rd.-Nr. 26; Thomas/Putzo, § 108 ZPO, Anm. 5 d bb; Leipold in Stein/Jonas, § 108 ZPO, Rd.-Nr. 18; Herget in Zöller, § 108 ZPO, Rd.-Nr. 9; Anders/Gehle/Baader, Teil C, Rd.-Nr. 37; Pecher, WM 1986, S. 1513 ff. (1513); Goedecke, S. 172.

jedoch nicht. Rechtsprechung zu dieser Frage ist — soweit ersichtlich — nicht veröffentlicht.

Die Befristungsfeindlichkeit der Prozeßbürgschaft unterscheidet diese erheblich von der Bürgschaft nach materiellem Recht. In § 777 BGB findet sich eine Regelung des Verfahrens zum Ablauf einer befristeten Bürgschaft. Der Bürgschaftsgläubiger kann ein Freiwerden des Bürgen bei Fristablauf verhindern, wenn er unverzüglich die Einziehung der Forderung betreibt, das Verfahren ohne wesentliche Verzögerung fortsetzt und unverzüglich nach Beendigung des Verfahrens dem Bürgen die Inanspruchnahme anzeigt (§ 777 Abs. I S. 1 BGB).

Sofern es sich, wie bei Prozeßbürgschaften immer[77], um eine selbstschuldnerische Bürgschaft handelt, genügt die Anzeige der Inanspruchnahme, da der Bürge auf die Einrede der Vorausklage verzichtet hat (§ 777 Abs. I S. 2 BGB).

b) Stellungnahme

Die Befristung einer Bürgschaft hat nur dann Sinn, wenn bereits bei der Übernahme der Zeitpunkt feststeht, zu dem die Hauptverbindlichkeit erfüllt ist oder wegfällt, wie dies z.B. bei einer Gewährleistungsbürgschaft der Fall ist. Mit Ablauf der Gewährleistungsfrist verliert diese Bürgschaft ihren Zweck und kann deshalb entsprechend befristet werden. Bei Prozeßbürgschaften ist der Ablauftermin von vornherein nicht erkennbar. Der Bestand der abzusichernden Forderung hängt vom Ausgang des Rechtsmittelverfahrens ab. Dessen Abschluß ist kalendermäßig nicht zu bestimmen, so daß sich ein Zeitpunkt für einen Fristablauf der Bürgschaft nicht ermitteln läßt.

Ein weiteres Problem der Befristung einer Bürgschaft tritt auf, wenn die Hauptverbindlichkeit, die der Bürgschaft zugrunde liegt, noch nicht fällig ist. In diesem Fall wird der selbstschuldnerische Bürge von der Verpflichtung zur Leistung frei, wenn die Hauptverbindlichkeit bei Fristablauf noch nicht fällig ist[78]. Besonders bedeutsam ist dieses für den Sicherungsfall nach § 709 S. 1 ZPO. Hier führt die Sicherheitsleistung zur vorläufigen Vollstreckbarkeit des Urteils; der Kläger kann daraufhin vollstrecken. Wenn das vollstreckte Urteil im Rechtsmittelverfahren aufgehoben wird, hat der Beklagte nach § 717 Abs. II S. 1 ZPO einen bürgerlich-rechtlichen Schadensersatzanspruch. Zu dessen Absicherung hat der Vollstreckungsschuldner eine Bürgschaft erhalten. Der Schadensersatzanspruch entsteht jedoch erst mit Aufhebung oder Änderung des erstinstanzlichen Urteils durch das Rechtsmittelgericht[79]. Liegt der Befristungstermin der Bürgschaft vor dem Zeitpunkt der Aufhebung des Urteils, kommt die bürgende

---

[77] Herget in Zöller, § 108 ZPO, Rd.-Nr. 7.

[78] BGHZ 91, S. 349 ff. (355), Thomas in Palandt, § 777 BGB, Anm. 2.

[79] OLG Koblenz, MDR 1957, S. 427 (427) m.w.N; Thomas/Putzo, § 717 ZPO, Anm. 2 b dd.

Bank frei mit der Folge, daß der Anspruch des Sicherungsgläubigers auf die Bürgschaftssumme — und damit sein Schutz — wegfällt. Dies zeigt, daß die Befristung einer Prozeßbürgschaft zu einer Beeinträchtigung der Werthaltigkeit der Bürgschaft führt, die im Interesse des Sicherungsgläubigers nicht zulässig ist.

Eine Befristung von Prozeßbürgschaften ist deshalb unzulässig.

4. Zulässigkeit der von den Banken verwendeten Hinterlegungsklausel in Prozeßbürgschaften

Nach allgemeiner Auffassung[80] ist es nicht zulässig, im Rahmen des § 108 Abs. I ZPO eine bedingte Prozeßbürgschaft als Sicherheit zu stellen, weil die Bedingungen den Sicherungszweck gefährden können.

Von dieser generellen Meinung gibt es allerdings zwei Ausnahmen. Banken verwenden in ihren Prozeßbürgschaftstexten häufig zwei Klauseln, die als auflösende Bedingungen i.S.v. § 158 Abs. II BGB anzusehen sind. Es handelt sich zum einen um den sogenannten Hinterlegungsvorbehalt, zum anderen um die Klausel, die Rückgabe der Bürgschaftsurkunde führe zum Erlöschen der Prozeßbürgschaft — sogenannter Auflösungsvorbehalt.

Im folgenden soll untersucht werden, ob diese beiden — mittlerweile weit verbreiteten — Klauseln zulässig sind.

a) Inhalt der Klausel

In den Richtlinien für das Avalgeschäft einer bundesdeutschen Großbank wird den Bankniederlassungen empfohlen, in den Bürgschaftstext einer Prozeßbürgschaft folgende Formulierung aufzunehmen: „Wir behalten uns vor, uns jederzeit von den Verpflichtungen aus dieser Bürgschaft dadurch zu befreien, daß wir den Betrag von DM ... in bar bei der zuständigen Hinterlegungsstelle als Sicherheit anstelle dieser Bürgschaft hinterlegen.“ Die Hinterlegungsklausel erfüllt für die bürgende Bank eine Sicherungsfunktion. Mit ihr wird erreicht, daß bei einem drohenden Vermögensverfall des Avalauftraggebers die Fälligkeit der Verbindlichkeit aus dem Avalauftrag herbeigeführt werden kann und mit der Hinterlegung des Betrages der Aufwendungsersatzanspruch der Bank gegen den Kunden entsteht. Es kann dann sofort das Konto des Avalauf-

[80] OLG Bamberg, NJW 1975, S. 1664 f. (1664); OLG Nürnberg, WM 1986, S. 214 ff. (215); Hartmann in Baumbach/Lauterbach, § 108 ZPO, Anm. 3 I; Belz in Münchener Kommentar, § 108 ZPO, Rd.-Nr. 28; Leipold in Stein/Jonas, § 108 ZPO, Rd.-Nr. 18; Thomas/Putzo, § 108 ZPO, Anm. 5 d bb; Herget in Zöller, § 108 ZPO, Rd.-Nr. 9; Kotzur, DGVZ 1990, S. 161 ff. (165); Pecher, WM 1986, S. 1513 ff. (1513).

traggebers entsprechend belastet und bei einem Schuldsaldo gem. Nr. 13 Abs. I BankenAGB (weitere) Sicherheit verlangt werden. Die Befugnis der bürgenden Bank, sich durch Hinterlegung der Bürgschaftssumme aus der Bürgschaft zu befreien, liegt vorwiegend im wirtschaftlichen Eigeninteresse der Bank[81].

b) Darstellung des Meinungsstandes

Die Aufnahme einer derartigen Klausel in den Text einer Prozeßbürgschaft wird von der Literaturmeinung vielfach für unzulässig gehalten[82], da der Begünstigte durch die Klausel unangemessen benachteiligt werde. Auch die Rechtsprechung steht dieser Klausel weitgehend ablehnend gegenüber.

Das Amtsgericht Gütersloh[83] hält die Hinterlegungsklausel mit der Begründung für unzulässig, ein nachträglicher Austausch der Sicherheitsleistung nach § 108 Abs. I ZPO ohne Zustimmung des Sicherungsberechtigten oder Anordnung des Gerichtes sei nicht zulässig. Zwar habe der Schuldner nach dem Urteil i.d.R. die Wahl, ob er die Sicherheit durch Hinterlegung oder Bürgschaft leisten wolle. Habe er sich aber einmal entschieden, so sei er an seine Wahl gebunden, eine mehrmalige Ausübung des Wahlrechtes sei ihm nicht gestattet. Wenn aber der Schuldner kein nachträgliches Wahlrecht mehr habe, könne dies dem Bürgen auch nicht zustehen.

Auch das Landgericht Bielefeld[84] lehnt die Aufnahme der Hinterlegungsklausel in den Text einer Prozeßbürgschaft ab. Es begründet seine Ablehnung damit, daß der Sicherungsnehmer durch die Klausel mit zusätzlichen Risiken belastet werde. Durch die Klausel sei nicht sichergestellt, daß die Hinterlegung unter Verzicht auf die Rücknahme lediglich zugunsten des Gläubigers und des Schuldners bei demselben Gericht vorgenommen werde. Falls die bürgende Bank die Hinterlegung nicht in der eben genannten Weise vornehme, wozu sie durch die Klausel nicht verpflichtet sei, werde dem Sicherungsnehmer unter Umständen aufgebürdet, die Frage des Fortbestehens der Bürgschaftsverpflichtung in einem gesonderten gerichtlichen Verfahren gegen die Bank klären zu lassen[85].

Das Amtsgericht Düsseldorf[86], bestätigt durch das Landgericht Düsseldorf[87], hält die Hinterlegungsklausel ebenfalls für unzulässig. Wegen des Zwangsver-

---

[81] LG Wuppertal, DGVZ 1990, S. 124 f. (124); bestätigt durch: OLG Düsseldorf, DGVZ 1990, S. 156 f. (157) als Rechtsmittelgericht für die Entscheidung des eben zitierten LG Wuppertal.

[82] Belz in Münchener Kommentar, § 108 ZPO, Rd.-Nr. 29; Herget in Zöller, § 108 ZPO, Rd.-Nr. 9; anscheinend auch: Hartmann in Baumbach/Lauterbach, § 108 ZPO, Anm. 3 I.

[83] AG Gütersloh, ZIP 1982, S. 1250 (1250).

[84] LG Bielefeld, MDR 1985, S. 238 (238).

[85] LG Bielefeld, MDR 1985, S. 238 (238); AG Oberkirch, DGVZ 1992, S. 14 f. (14).

[86] AG Düsseldorf, JurBüro 1988, Spalte 1085 (1085).

[87] LG Düsseldorf, JurBüro 1988, Spalte 1085 f. (1086).

tragscharakters der Prozeßbürgschaft könne nicht von einem Einverständnis des Sicherungsnehmers durch rügelose Entgegennahme der Bürgschaftsurkunde ausgegangen werden[88]. Die Auslegungsregel des § 139 BGB führe nicht dazu, einen Bestand der Bürgschaft mit wirksamen Inhalt unter Wegfall der beanstandeten Hinterlegungsklausel herbeizuführen, da hierdurch der Sicherungsnehmer unzumutbar auf die Klärung der Wirksamkeit der Bürgschaft in einem gesonderten gerichtlichen Verfahren angewiesen sei[89].

Auch das Landgericht Wuppertal[90] hat mit der Argumentation des Landgerichts Bielefeld[91] die Aufnahme der Hinterlegungsklausel in den Text der Bürgschaftsurkunde abgelehnt. Diese Entscheidung des LG Wuppertal ist vom OLG Düsseldorf[92] unter Bezugnahme auf die Entscheidungsgründe des Landgerichtes bestätigt worden.

Dagegen erachtet das Landgericht Frankfurt/Main[93] die Hinterlegungsklausel in einer Prozeßbürgschaft für zulässig. Grundsätzlich stehe es dem Sicherungspflichtigen frei, im Rahmen der vom Gericht vorgegebenen Grenzen die Art der Sicherheitsleistung zu wählen. Dieses Wahlrecht stehe auch dem Bürgen zu. Es seien keine Gründe ersichtlich, aus denen heraus eine nachträgliche Änderung der Wahl der Sicherheitsleistung unzulässig sei, zumal hier von der Sondersicherheit der Bankbürgschaft auf die Regelsicherheit der Hinterlegung zurückgegangen werde[94]. Schließlich sei zwischen der Sicherheitsleistung als solche und der späteren Realisierung des Anspruches des Sicherungsberechtigten zu unterscheiden. Für den Fall einer Gewährleistungsbürgschaft nach § 17 Nr. 1 II VOB/B hat das OLG Köln[95] die Hinterlegungsklausel für zulässig erachtet, da durch die mögliche Hinterlegung der Zweck der Sicherheitsleistung nicht beeinträchtigt sei.

c) Lösungsvorschlag

aa) Ausgangspunkt: Schutz des Berechtigten

Der Zweck der Sicherheitsleistung in Form der Prozeßbürgschaft liegt darin, den Vollstreckungsschuldner vor dem Schaden zu bewahren, der ihm aus der vorläufigen Vollstreckbarkeit eines später geänderten Urteils erwachsen kann[96].

---

[88] AG Düsseldorf, JurBüro 1988, Spalte 1085 (1085).

[89] LG Düsseldorf, JurBüro 1988, Spalte 1085 f. (1086).

[90] LG Wuppertal, DGVZ 1990, S. 124 f. (124).

[91] LG Bielefeld, MDR 1985, S. 238 (238).

[92] OLG Düsseldorf, DGVZ 1990, S. 156 f. (157).

[93] LG Frankfurt, JurBüro 1989, Spalte 264 f. (265); ihm folgend: Thomas/Putzo, § 108 ZPO, Anm. 5 d bb, die diese Auffassung für die herrschende Meinung halten. Nunmehr auch: OLG Koblenz, Rpfleger 1995, S. 32 (32).

[94] LG Frankfurt, JurBüro 1989, Spalte 264 f. (265).

[95] OLG Köln, NJW RR 1993, S. 1494 f. (1495).

Der Austausch der Sicherheiten ist deshalb nur dann zulässig, wenn das Sicherungsinteresse des Sicherungsberechtigten durch den Austausch nicht beeinträchtigt wird.

bb) Wirtschaftliches Interesse der Bank

Die Übernahme von Prozeßbürgschaften ist für die Bank ein Kreditgeschäft, dem eine Kreditgewährung mit Entscheidung über die Bonität des Auftraggebers vorauszugehen hat. Da die Prozeßbürgschaft und damit der ihr zugrundeliegende Bürgschaftskredit eine längere Laufzeit haben, kann es vorkommen, daß die laufende regelmäßige Bonitätsbeurteilung während der Laufzeit des Kredites dazu führt, daß eine Verschlechterung der Bonität des Schuldners (Auftraggeber der Bürgschaft) festgestellt wird, mit der Folge, daß die Kreditentscheidung in Frage zu stellen ist. Die AGB der Banken sehen für einen solchen Fall in Nr. 13 Abs. I die Möglichkeit vor, vom Kunden entweder eine Verstärkung der Sicherheit zu verlangen oder aber nach Nr. 19 Abs. II, III den Kredit zu kündigen. Eine Kündigung der Bürgschaft durch die Bank hat jedoch nur Wirkung auf das Innenverhältnis zwischen der Bank und ihrem Auftraggeber. Das eigentliche Bürgschaftsverhältnis zwischen der bürgenden Bank und dem Sicherungsberechtigten bleibt von der Kündigung unberührt, da insofern kein Kündigungsrecht der Bank besteht. Grundsätzlich kann der Bürge vor der Befriedigung des Gläubigers vom Schuldner keine Freigabe aus der Bürgschaft verlangen. Das Gesetz sieht jedoch in § 775 BGB für den Bürgen unter bestimmten Voraussetzungen eine Möglichkeit vor, sich aus der Bürgschaftsverpflichtung zu befreien. Danach hat der Bürge einen Befreiungsanspruch, wenn ihm nach der — zukünftigen — Befriedigung des Gläubigers ein Ersatzanspruch gegen den Schuldner zustehen würde und dieser Anspruch durch bestimmte, inzwischen eingetretene Tatsachen, welche die Bonität des Schuldners beeinträchtigen, gefährdet erscheint[97].

Rechtsfolge des § 775 Abs. I BGB ist jedoch nur ein Befreiungsanspruch, der sich nicht in einen fälligen Zahlungsanspruch der Bank gegen ihren Schuldner umwandelt[98]. Die Bank muß im Weigerungsfall den Befreiungsanspruch gegen den Schuldner in einem zeitaufwendigen gerichtlichen Verfahren durchsetzen, um die für ihr Pfandrecht nach Nr. 14 Abs. 1 BankenAGB wichtige Fälligkeit herbeizuführen.

Im Fall drohender Insolvenz des Schuldners ist für die Bank jedoch Eile geboten. Will sie kurzfristig Zugriff auf andere Vermögenswerte des Schuldners

---

[96] OLG Nürnberg, WM 1986, S. 214 ff. (215); Belz in Münchener Kommentar, § 108 ZPO, Rd.-Nr. 1; Herget in Zöller, § 108 ZPO, Rd.-Nr. 1.

[97] s.a. Brox, Schuldrecht BT, Rd.-Nr. 336.

[98] Thomas in Palandt, § 775 BGB, Anm. 1.

nehmen, fehlt ihr dazu der erforderliche Titel. Sie muß damit rechnen, daß andere Gläubiger ihr zuvorkommen und die vorhandenen Vermögenswerte des Schuldners verwerten, während die Bank erst auf die Inanspruchnahme aus der Bürgschaft und das damit verbundene Entstehen ihres Aufwendungsanspruches warten muß.

Diese Probleme vermeidet die Bank durch die Aufnahme der Hinterlegungsklausel. Bei drohender Insolvenz hinterlegt sie den entsprechenden Betrag im eigenen Namen bei der Hinterlegungsstelle, zweckmäßigerweise bei der Hinterlegungsstelle des Prozeßgerichtes. Dadurch entsteht ihr Aufwendungsersatzanspruch gegen ihren Kunden sofort, den sie dann kurzfristig gerichtlich titulieren lassen und anschließend vollstrecken kann.

Die Hinterlegung durch die Bank führt für den Sicherungsberechtigten zu einem Sicherheitenaustausch, da die bisherige Absicherung durch Bankbürgschaft durch die Absicherung durch eine Hinterlegung ausgewechselt wird.

cc) Gesetzliche Regelung

Der Gesetzgeber hat den Austausch von geleisteten Sicherheiten in § 108 Abs. II ZPO i.V.m. § 235 BGB geregelt[99]. Danach ist ein Tausch zulässig, wenn hinterlegtes Geld durch Hinterlegung von Wertpapieren, hinterlegte Wertpapiere durch Geld oder andere Wertpapiere ausgetauscht werden. Durch das Umtauschrecht soll die wirtschaftliche Dispositionsfreiheit des Schuldners erhalten bleiben[100]. Wenn die hinterlegten Wertpapiere im Kurs gestiegen sind, soll er die Möglichkeit haben, den Kursgewinn zu realisieren[101].

Andere Umtauschrechte sieht das Gesetz nicht vor. Nach allgemeiner Auffassung[102] wollte der Gesetzgeber mit dieser Regelung ausdrücken, daß andere Umtauschmöglichkeiten, außer den genannten, ohne Zustimmung des Berechtigten unzulässig seien.

Nach einer neuen Entscheidung des Bundesgerichtshofes[103] ist allerdings ein Austausch der bürgenden Bank zulässig, wenn die neue Bürgschaft die selbe Sicherheit bietet wie die zuvor gestellte Bürgschaft und der Sicherungspflichtige einen sachlichen Grund für die Auswechslung darlegt. Dies gebiete der Grundsatz von Treu und Glauben, der auch auf das Prozeßverhältnis anwendbar sei[104].

---

[99] vgl. dazu die Regelung in § 247 AO; im Steuerrecht ist ein Austausch der Sicherheit durch den Sicherungspflichtigen jederzeit zulässig.

[100] Dilcher in Staudinger, § 235 BGB, Rd.-Nr. 2 unter Hinweise auf Prot. I, 268.

[101] Larenz, BGB AT § 35, 1.

[102] von Feldmann, in Münchener Kommentar, § 235 BGB, Rd.-Nr. 1; Heinrichs in Palandt, § 235 BGB, Anm. 1; Fahse in Soergel/Siebert, § 235 BGB, Rd.-Nr. 1; Dilcher in Staudinger, § 235 BGB, Rd.-Nr. 2; Kotzur, DGVZ 1990, Seite 161 ff. (162).

[103] BGH, NJW 1994, S. 1351 ff.

Ein solcher sachlicher Grund könne z. B. dann vorliegen, wenn die neue Hausbank eine niedrigere Avalprovision fordert oder aber geringere Anforderungen an die für den Avalkredit zu erbringenden Sicherheiten stellt[105]. Hier sei der Sicherungsberechtigte verpflichtet, gemäß § 242 BGB in den Austausch der Sicherheit einzuwilligen.

dd) Zulässigkeit des Austausches mit Zustimmung des Berechtigten

Daraus folgt, daß ein Austausch der Sicherheiten mit Zustimmung des Berechtigten — jederzeit — zulässig ist[106]. Wenn der Berechtigte die Zustimmung nicht ausdrücklich erteilt, kann aus der Entgegennahme der Urkunde keine rügelose Hinnahme der Hinterlegungsklausel mit der Austauschoption geschlossen werden[107]. Der Sicherungsberechtigte ist am Bürgschaftsvertrag nur zwangsweise beteiligt; er hat keine eigenen Mitwirkungsmöglichkeiten, so daß auch keine Willenserklärung von ihm abzugeben ist. Ein konkludentes Einverständnis mit der Hinterlegungsklausel kann deshalb nicht angenommen werden.

ee) Zulässigkeit des Austausches nach Zustimmung durch das Prozeßgericht

Schließlich ist ein Sicherheitenaustausch mit Genehmigung des Prozeßgerichtes zulässig[108]. Dies folgt aus der Ermessensfreiheit des Gerichtes bei der Festlegung der Art der Sicherheitsleistung[109].

In der Regel wird es aber an einer ausdrücklichen Genehmigung des Prozeßgerichtes in Form der Offenhaltung der Austauschoption fehlen. Urteilstenorierungen enthalten regelmäßig keine ausdrückliche Anordnung des Prozeßgerichtes mit dem Inhalt, der Sicherungsverpflichtete könne einmal geleistete Sicherheiten ohne weitere Zustimmung des Berechtigten oder einer Anordnung des Gerichtes austauschen. Aus einer ausdrücklichen Anordnung des Gerichtes läßt sich — wegen Fehlens dieser Anordnung in der gerichtlichen Praxis — das mögliche Austauschrecht des Sicherungsverpflichteten damit regelmäßig nicht herleiten.

---

[104] BGH, NJW 1994, S. 1351 ff. (1352).

[105] BGH, NJW 1994, S. 1351 ff. (1353).

[106] Dilcher in Staudinger, § 235 BGB, Rd.-Nr. 1; Kotzur, DGVZ 1990, Seite 161 ff. (162); Belz in Münchener Kommentar, § 108 ZPO, Rd.-Nr. 18 und 60.

[107] Kotzur, DGVZ 1990, S. 161 ff. (162); AG Düsseldorf, JurBüro 1988, Spalte 1085 (1085).

[108] Belz in Münchener Kommentar, § 108 ZPO, Rd.-Nr. 59.

[109] Belz in Münchener Kommentar, § 108 ZPO, Rd.-Nr. 59.

ff) Zulässigkeit des Austausches ohne Anordnung durch das Gericht

Es stellt sich deshalb die Frage, ob ein Austausch der geleisteten Sicherheit nur zulässig ist, wenn dieser vom Prozeßgericht in seiner Entscheidung ausdrücklich zugelassen wurde oder ob er auch ohne ausdrückliche Regelung durch das Prozeßgericht vorgenommen werden kann, wenn der Zweck der Sicherheitsleistung — nämlich Schutz des Vollstreckungsschuldners vor Schaden[110] — nicht beeinträchtigt wird. Hat der Sicherungsverpflichtete somit innerhalb der gerichtlichen Entscheidung auch ohne ausdrückliche gerichtliche Zulassung eine gewisse Dispositionsfreiheit bezüglich der von ihm geleisteten Sicherheit und läßt sich die gerichtliche Anordnung bezüglich der Sicherheitsleistung dahin interpretieren, daß in ihr konkludent die Zustimmung des Prozeßgerichtes zu einem späteren Sicherheitenaustausch enthalten ist?

Die überwiegende Meinung[111] lehnt dies ab, da der Sicherungszweck durch den Austausch gefährdet sei. Wenn die Bank die Bürgschaftssummen im eigenen Namen hinterlege, benötige der Sicherungsberechtigte eine Einwilligung der Bank zur Freigabe der hinterlegten Summe, um an das hinterlegte Geld zu gelangen. Die Einwilligung müsse er unter Umständen gerichtlich einklagen. Eine Klage auf Zahlung aus der Bürgschaft gegen die Bank verliere er, da die Bank nach Hinterlegung des Betrages aus der Bürgschaft frei sei[112].

Diese Ansicht ist abzulehnen.

Ausgangspunkt der weiteren Überlegung ist der Schutz des Sicherungsberechtigten. Bei einer Hinterlegung der Bürgschaftssumme ist davon auszugehen, daß die Bank die Hinterlegung dem Berechtigten anzeigen wird, da sie von ihm die erledigte Bürgschaftsurkunde wieder zurück bekommen muß. Durch diese Anzeige wird die Hinterlegung dem Berechtigten bekannt. In dieser Situation wird er nicht mehr auf Leistung aus der Bürgschaft klagen, weil er damit rechnen muß, daß er diese Klage verlieren wird, da die Bürgschaft nicht mehr besteht.

Wenn die Hinterlegung dem Berechtigten nicht bekannt ist (eine Benachrichtigungspflicht der Bank ist in der Hinterlegungsklausel nicht enthalten), wird er zugegebenermaßen zunächst die Bank aus der Bürgschaft in Anspruch nehmen wollen. Im Rahmen der vorprozessualen Korrespondenz wird die Bank ihm die erfolgte Hinterlegung mitteilen. Es ist nicht praxisgerecht, anzunehmen, der Berechtigte werde in dieser Situation noch auf Zahlung aus der Bürgschaft klagen.

---

110 Herget in Zöller, § 108 ZPO, Rd.-Nr. 1.

111 Kotzur, DGVZ 1990, S. 161 ff. (164); AG Düsseldorf, ZiP 1982, S. 1250 (1250); LG Bielefeld, MDR 1985, S. 238 (238); AG Düsseldorf, JurBüro 1988, Spalte 1085 (1085);LG Düsseldorf, JurBüro 1988, Spalte 1085 (1085);LG Wuppertal, DGVZ 1990, S. 124 f. (124); OLG Düsseldorf, DGVZ 1990, S. 156 f. (157).

112 Kotzur, DGVZ 1990, S. 161 ff. (164).

Wie Kotzur[113] überzeugend darstellt, wird der Sicherungsberechtigte durch die Hinterlegung des Bürgschaftsbetrages nicht rechtlos, auch seine Rechtsstellung wird nicht verändert, lediglich die Grundlage seines Anspruches auf Zahlung der Sicherheitsleistung ändert sich.

Verweigert die Bank in dieser Situation die Zahlung der Sicherheitssumme, so ist es für den Sicherungsberechtigten egal, ob er auf Zahlung aus der Bürgschaft oder auf Einwilligung zur Freigabe der hinterlegten Summe nach § 13 Abs. II Nr. 1 Hinterlegungsordnung klagt. Im einen wie im anderen Falle kommt es für ihn zu einem weiteren gerichtlichen Verfahren; nunmehr gegen die die Sicherheit stellende Bank. In keinem Fall wird es für den Sicherungsberechtigten bei einer Hinterlegung zu einem zusätzlichen zweiten Verfahren gegen die Bank kommen. Wie eben dargestellt, ist davon auszugehen, daß die die Sicherheit stellende Bank ihm rechtzeitig mitteilen wird, aus welchem Rechtsverhältnis (Hinterlegung oder Bürgschaft) heraus sie die Sicherheit hält. Es ist nicht ersichtlich, warum die Bank die Leistung der Sicherheit verweigern sollte. Eine Beeinträchtigung des Sicherungszwecks durch die Hinterlegungsklausel ist somit nicht gegeben[114]. Hier sind die Gedanken des Bundesgerichtshofes aus der Entscheidung vom 24.02.1994[115] zu berücksichtigen, nach denen der Sicherungsberechtigte verpflichtet ist, in einen Austausch der bürgenden Bank im Interesse des Sicherungspflichtigen einzuwilligen. Der Bundesgerichtshof hat in dieser Entscheidung zum Ausdruck gebracht, daß er einen Austausch der Sicherheit nicht grundsätzlich ablehnt, sondern ihn für zulässig hält, wenn die neue Sicherheit die gleiche Werthaltigkeit wie die ursprüngliche Sicherheit besitzt. Diese Gedanken sind auch hier anwendbar, da die Hinterlegung die gleiche Sicherheit bietet wie eine Bankbürgschaft.

Die Auffassung der herrschenden Meinung ist insoweit inkonsequent, wenn man die Hinterlegungsklausel ablehnt mit dem Hinweis auf die Notwendigkeit eines weiteren gerichtlichen Verfahrens für den Sicherungsberechtigten. Diese Notwendigkeit entsteht nämlich bereits mit der Zulassung der Bankbürgschaft als Sicherheit, denn es besteht die theoretische Möglichkeit, daß die bürgende Bank die Zahlung verweigert und gerichtlich zur Erfüllung der Sicherheitsleistung gezwungen werden muß. Wer ein derartiges zusätzliches gerichtliches Verfahren als nicht mehr mit dem Zweck der Sicherheitsleistung vereinbar hält, müßte konsequenterweise die Zulässigkeit der Sicherheitsleistung im Prozeß durch Bankbürgschaft ganz ablehnen.

Eine Weigerung der Bank, aus der Prozeßbürgschaft zu leisten, hätte keine Aussicht auf Erfolg, da die Bank mit der Übernahme der Bürgschaft den Aus-

---

[113] Kotzur, DGVZ 1990, S. 161 ff. (164).

[114] so auch: OLG Köln, NJW RR 1993, S. 1494(1495): OLG Koblenz, Rpfleger 1995, S. 32 (32).

[115] BGH, NJW 1994, S. 1351 ff.

gang des Urspungsverfahrens für sich als verbindlich anerkennt[116]. Dies hat auch für eine ersatzweise Hinterlegung zu gelten.

Für die Bank ist kein Grund erkennbar, die Sicherheitsleistung zu verweigern, da ihre Weigerung keine Aussicht haben wird, sich gerichtlich auf Dauer zu behaupten.

Auch die Bedenken des LG Bielefeld[117] führen zu keinem anderen Ergebnis. Soweit das LG fordert, die Hinterlegung dürfe unter Verzicht auf die Rücknahme (§ 376 Abs. II Nr. 1 BGB) lediglich zugunsten des Gläubigers und des Schuldners erfolgen[118], führt dies im Ergebnis zu einer ungerechtfertigten Verbesserung der Gläubigerstellung. Der Gläubiger könnte in diesem Fall an den hinterlegten Betrag gelangen, ohne daß der Sicherungsfall eingetreten wäre oder die Bank die Leistung verweigern könnte[119]. Verzichtet die Bank auf die Rücknahme der Hinterlegung (§ 376 Abs. II Nr. 1 BGB) und tritt der Sicherungsfall nicht ein, so müßte die Bank — bei Weigerung der Beteiligten — zur Zurückerlangung des hinterlegten Betrages auf Zustimmung klagen.

Stellt man auf den Zeitpunkt des Eintritts des Sicherungsfalles ab, so liegt der Sicherheitenaustausch allein im wirtschaftlichen Interesse der Bank, da ihr daran gelegen ist, möglichst schnell den Aufwendungsersatzanspruch zum Entstehen zu bringen. Diese Sichtweise ist jedoch unvollständig, da man auf den Zeitpunkt der Sicherheitenbestellung, genauer auf den Zeitpunkt der Kreditentscheidung durch die Bank abstellen muß. Die Hinterlegungsklausel beeinflußt wesentlich die Flexibilität der Bank bezüglich ihrer Handlungsmöglichkeiten bei einer möglichen Verschlechterung der Vermögenslage ihres Kunden. Nimmt man ihr diese Flexibilität, so muß sie Vorkehrungen für erforderliche Sicherungsmaßnahmen bereits bei der Kreditentscheidung treffen. Dies betrifft insbesondere ein Verlangen der Bank nach vollwertigen Sicherheiten[120]. Ein derartiges Verlangen der Bank beeinträchtigt wiederum die Liquidität des Sicherungspflichtigen; es kann sogar dazu führen, daß er — bei fehlenden Sicherheiten — keine Sicherheitsleistung durch Bankbürgschaft erbringen kann, weil der Bank die Kreditgewährung zu risikoreich erscheint. Die Einführung der Hinterlegungsklausel liegt damit nicht nur im wirtschaftlichen Eigeninteresse der Bank. Sie ermöglicht vielmehr auch in Fällen knapper Liquidität des Sicherungspflichtigen (wirtschaftlich engen Fällen) die Übernahme einer Sicherheitsleistung durch die Bank. Weiterhin eröffnet die Bankbürgschaft im Verhältnis zu den üb-

---

[116] BGH, NJW 1975, S. 1119 ff. (1121).

[117] LG Bielefeld, MDR 1985, S. 238 (238).

[118] zur Bedeutung des Rücknahmeverzichtes vgl. AG Oberkirch, DGVZ 1992, S. 14 f. (14).

[119] vgl. zur Wirkung des Rücknahmeverzichtes: Heinrichs in Palandt, § 376 BGB, Anm. 2 a.

[120] Hier sei auf § 18 KWG hingewiesen, der die Banken verpflichtet, bestimmte Kredite nur gegen Sicherheiten herauszulegen.

rigen sonst in § 232 Abs. I BGB zugelassenen Arten der Sicherheitsleistung den Vorteil der Zeitersparnis mit dem Vorteil eines unkomplizierten und sicheren Weges zur Erbringung einer Sicherheit unter einfachen und überschaubaren Prüfungskriterien[121].

Die vorstehenden Erwägungen zeigen, daß der Sicherungszweck durch eine nachträgliche Hinterlegung der Bürgschaftssumme nicht gefährdet wird. Ein Sicherheitenaustausch von der Prozeßbürgschaft in die Sicherheitsleistung durch Hinterlegung ist deshalb von der ursprünglichen Entscheidung des Gerichtes mit umfaßt und deshalb stets zulässig.

5. *Die Zulässigkeit des Auflösungsvorbehalts in Prozeßbürgschaften*

Die von den Banken abgegebenen Prozeßbürgschaften enthalten üblicherweise die Klausel: „Die Bürgschaft erlischt, wenn uns die Bürgschaftsurkunde zurückgegeben wird".

Eine solche Bedingung wird allgemein für zulässig gehalten[122]. Da die Originalurkunde der Bürgschaft sich in der Hand des Berechtigten befindet, kann ein Erlöschen nicht ohne oder gegen seinen Willen erfolgen[123]. Letztlich handelt es sich hierbei nicht um eine echte Bedingung, sondern um eine Regelung der einverständlichen Beendigung der Bürgschaftsverpflichtung[124]. Der Zweck der Sicherheitsleistung wird nicht beeinträchtigt, da die Beendigung des Schutzes durch die Sicherheit nicht vor dem Wegfall der Veranlassung der Sicherheitsleistung eintreten kann[125]. Für den Schuldner birgt diese Klausel die Gefahr in sich, daß er trotz Erfüllung seiner Verpflichtungen aus dem Vertrag die Avalprovision weiter entrichten muß, bis es ihm gelingt, die Urkunde zurückzuerhalten[126].

---

121 Marcks, DNotZ 1974, S. 524 ff. (533).

122 BGH MDR 1971, S. 388 f. (388); OLG Nürnberg, WM 1986, S. 214 ff. (215); AG Gütersloh, ZIP 1982, S. 1250 f. (1250); LG Bielefeld, MDR 1985, S. 238 (238); LG Wuppertal, DGVZ 1990, S. 124 f. (124); Hartmann in Baumbach/Lauterbach, § 108 ZPO, Anm. 3 I; Beltz in Münchener Kommentar, § 108 ZPO, Rd.-Nr. 26; Leipold in Stein/Jonas, § 108 ZPO, Rd.-Nr. 18; Herget in Zöller, § 108 ZPO, Rd.-Nr. 9; Schneider, JurBüro 1969, Spalte 487 ff. (489); LG Kassel, DGVZ 1977, S. 173 (173).

123 Herget in Zöller, § 108 ZPO, Rd.-Nr. 9.

124 LG Bielefeld, MDR 1985, S. 238 (238).

125 BGH, WM 1986, S. 214 ff. (215).

126 Heiermann, BB 1977, S. 1575 ff. (1577).

B. Die Bankbürgschaft als Sicherheitsleistung im materiellen Zivilrecht

I. Bankbürgschaften als Vertragserfüllungsbürgschaft nach VOB

1. Die Regelung der Sicherheitsleistung durch die VOB

Die Verdingungsordnung für Bauleistungen (VOB) enthält in Form von Verwaltungsvorschriften die für die Vergabe öffentlicher Aufträge maßgeblichen Grundsätze. Die VOB konkretisiert den Grundsatz der sparsamen und wirtschaftlichen Haushaltsführung der öffentlichen Haushalte (§§ 6 Abs. I, 30 HaushaltsgrundsätzeG, § 55 Abs. II BHO). Auch außerhalb der Vergabe öffentlicher Aufträge hat die VOB praktische Bedeutung erlangt[127]. Zum einen wird sie häufig durch Bezugnahme Bestandteil privatrechtlicher Bauverträge, zum anderen wird sie zunehmend zur Auslegung von Vertragsklauseln herangezogen[128].

Die VOB/B enthält in ihrem § 17 ausführliche Regelungen zur Sicherheitsleistung. Nach § 17 Nr. 1 II dient die Sicherheitsleistung dazu, die vertragsmäßige Ausführung der Leistung und die Gewährleistung sicherzustellen. Es handelt sich hierbei, bedingt durch die Zielsetzung der VOB, um eine Sicherheit für den Auftraggeber[129], nicht aber um Regelungen für das Sicherungsbedürfnis des Auftragnehmers.

2. Geschichtliche Entwicklung der Vorschriften

Das Verhältnis zwischen öffentlichen Auftraggebern und ihren privaten Auftragnehmern, namentlich der Baubranche, hat sich in den letzten Jahren nachhaltig geändert. Die ersten Bauordnungen waren geprägt von dem Gedanken, das staatliche Interesse an einer ordnungsgemäßen Durchführung des Auftrages rigoros durchzusetzen[130]. Dies äußerte sich sowohl in strengen Vergabebedingungen als auch in einseitigen Vertragsvorgaben[131]. Schon früh dienten die Vertragsbedingungen überwiegend dem Interesse der öffentlichen Auftraggeber.

Durch den Reichsverdingungsausschuß, der sich aus Vertretern der Reichsverwaltungen, der Länderregierungen, der Städte, der Wirtschaft und der Ge-

---

[127] Ingenstau/Korbion, Einleitung Rd.-Nr. 91.

[128] Riedl in Heiermann/Riedl, Einleitung Rd.-Nr. 6.

[129] Heiermann in Heiermann/Riedl, § 17 VOB/B Rd.-Nr. 1.

[130] Enders, S. 22.

[131] Enders, S. 22.

werkschaften zusammensetzt, wurden in der Zeit von 1921 bis 1926 einheitliche Grundsätze zur Vergabe von Bankbürgschaften getroffen[132].

Durch die Einführung der VOB wurden die öffentlichen Auftraggeber nicht mehr einseitig bevorzugt. Geblieben ist allerdings die weitgehende Vertragsvorgabe durch den öffentlichen Auftraggeber. Das freie Aushandeln von Vertragsbestimmungen oder gar die Vorgabe des Vertrages durch den privaten Auftragnehmer sind wegen der strengen Bindung der Verwaltung an die Grundsätze der Wirtschaftlichkeit und Sparsamkeit auch heute noch die Ausnahme.

Die Regelungen über die Sicherheitsleistung haben sich zugunsten der privaten Auftragnehmer gewandelt. Noch Ende des 19. Jahrhunderts hatte der Auftragnehmer die Sicherheitsleistung bar zu hinterlegen. Sie betrug damals zwischen 5 % und 20 % der Auftragssumme[133]. Da die Kaution unter Umständen jahrelang zurückgehalten wurde, kam es zu einer nachhaltigen Bindung des Betriebskapitals des Auftragnehmers mit der Folge, daß seine Liquidität eingeschränkt wurde. Die fehlende Verzinsung und die Bindung des Umlaufvermögens führten zu erheblichen Kapitalbindungskosten. Zu der Belastung durch die Pflicht zur Barsicherheit kam noch die lange Dauer der Sicherheitsleistung.

Enders[134] begründet diese strengen Regeln mit den Mißständen innerhalb der Bauwirtschaft des ausgehenden 19. Jahrhunderts, die sich in schlechter Bauqualität, Korruption und Unterdrückung der Arbeiter geäußert habe.

3. Einbeziehung der Sicherheitsleistung in den Bauvertrag

Nach § 17 VOB/B muß der Auftragnehmer dem Auftraggeber nur dann Sicherheit leisten, wenn es von beiden Parteien vertraglich vereinbart worden ist. Dies kann im Bauvertrag selbst geschehen oder auch in zusätzlichen oder besonderen Vertragsbedingungen[135]. Es muß eine ausdrückliche Einbeziehung in den Bauvertrag erfolgen[136]. Aus der Regelung des § 17 Nr. 1 I VOB/B folgt auch, daß die bloße Einbeziehung der VOB in den Bauvertrag nicht ausreicht, um eine Verpflichtung zur Sicherheitsleistung zu vereinbaren.

Auch aus dem Gedanken der Üblichkeit oder der Verkehrssitte läßt sich eine Vereinbarung der Sicherheitsleistung nicht begründen. Eine derartige Verkehrssitte gibt es nicht[137]. Die Vereinbarung einer Sicherheit ist auch kein Handels-

---

[132] Ingenstau/Korbion, Einleitung Rd.-Nr. 3.

[133] vgl. dazu die Nachweise bei Enders, S. 29.

[134] Enders, S. 23.

[135] Heiermann in Heiermann/Riedl, § 17 I VOB/B, Rd.-Nr. 7.

[136] BGH in NJW 1988, S. 851 (851).

[137] Heiermann, in Heiermann/Riedl, § 17 I VOB/B, Rd.-Nr. 1; Werner/Pastor, Rd.-Nr. 1094; Niklisch/Weick, Einleitung, Rd.-Nr. 29.

brauch[138]. Dies folgt aus der Regelung des § 14 VOB/A. Nach § 14 I VOB/A soll auf eine Sicherheitsleistung ganz oder teilweise verzichtet werden, wenn Mängel der Leistung voraussichtlich nicht eintreten oder wenn der Auftragnehmer hinreichend bekannt ist und genügend Gründe für die vertragsmäßige Leistung und die Beseitigung etwa auftretender Mängel bestehen.

Daraus ergibt sich, daß die Forderung nach Sicherheitsleistung nicht die Regel sein sollte[139]. Die Vorschrift will einen Ausgleich schaffen zwischen dem Sicherungsinteresse des Auftraggebers und den finanziellen Interessen des Auftragnehmers. Durch die Pflicht zur Sicherheitsleistung wird die Liquidität des Auftragnehmers eingeschränkt, da finanzielle Kapazitäten gebunden werden; letztlich führt dies zu einem Anstieg der Kosten des Auftragnehmers und über die Weitergabe dieser Kosten an den Auftraggeber zu einer Erhöhung der Baupreise[140].

4. Höhe der Sicherheitsleistung

Nach § 14 Nr. 2 VOB/A soll die Sicherheit nicht höher bemessen sein, als nötig, um den Auftraggeber vor Schaden zu bewahren. Sie soll 5 % der Auftragssumme nicht überschreiten.

Die VOB enthält keine Regelung darüber, ob die Parteien die Höhe der Sicherheitsleistung im Vertrag festlegen müssen. Daraus folgert Locher[141], daß die fehlende Angabe der Höhe der Sicherheitsleistung die Vertragsabrede wegen mangelnder Bestimmtheit unwirksam mache. Dem wird von der — überzeugenden — herrschenden Lehre[142] widersprochen. Es sei notfalls erforderlich, die Höhe der Sicherheitsleistung — in der Regel durch den Auftraggeber — nach § 316 BGB bestimmen zu lassen[143].

Durch die gesetzliche Anbindung der Höhe der Sicherheitsleistung an den Zweck der Sicherheitsleistung und auch durch die gesetzliche Vorgabe einer Höchstgrenze von 5 % der Auftragssumme ist es in Zweifelsfällen hinreichend möglich, die Höhe der Sicherheitsleistung zu bestimmen. Besondere Bedeutung hat hierbei die Vorgabe von 5 % der Auftragssumme. Dieser Satz wird mittler-

---

[138] Niklisch/Weick, Einleitung, Rd.-Nr. 29.

[139] Ingenstau/Korbion, § 14 VOB/A, Rd.-Nr. 3.

[140] Auf diesen Mechanismus weist Ingenstau/Korbion, § 14 VOB/A, Rd.-Nr. 3 zutreffend hin.

[141] Locher, Rd.-Nr. 428.

[142] Heiermann/Riedl, § 17 VOB/B, Rd.-Nr. 12 und § 14 VOB/A, Rd.-Nr. 7; Ingenstau/Korbion, § 14 VOB/A, Rd.-Nr. 11; Niklisch/Weick, § 17 VOB/B, Rd.-Nr. 18; Werner/Pastor, Rd.-Nr. 889.

[143] Ingenstau/Korbion, § 14 VOB/A, Rd.-Nr. 11; vgl. dazu die ausführliche Darstellung bei Niklisch/Weick, § 17 VOB/B, Rd.-Nr. 18.

weile als branchenüblich angesehen[144]. Gleichwohl ist es richtig und zweckmäßig, im Interesse aller Parteien, die Höhe der Sicherheitsleistung, ihren Zweck und die Art der Sicherheitsleistung bereits im Bauvertrag festzulegen. Hierdurch können spätere Zweifelsfragen vorzeitig vermieden werden.

Sofern keine vertragliche Vereinbarung vorliegt, muß der Auftraggeber die Art und Höhe der Sicherheitsleistung nach § 316 BGB im Rahmen der eben genannten 5%-Grenze bestimmen.

5. Tauglichkeit des Bürgen

a) Bestimmung der Tauglichkeit durch den Sicherungsnehmer

Entgegen der grundsätzlichen Regelung in § 232 Abs. II BGB, wonach die Stellung einer Bürgschaft nur zulässig ist, wenn Realsicherheiten nicht zu erlangen sind, geht die VOB in § 17 VOB/B offenbar davon aus, daß beim Bauvertrag die Stellung einer Bürgschaft die übliche Form der Sicherheitsleistung ist[145]. Ein weiterer Unterschied zu den Regelungen über die Sicherheitsleistung nach dem BGB scheint sich aus der Formulierung der Vorschrift in § 232 Abs. II BGB i.V.m. § 239 Abs. I BGB bzw. § 17 Nr. 4 VOB/B zu ergeben. Nach § 232 Abs. II BGB i.V.m. § 239 Abs. I BGB muß der Bürge tauglich sein, nach § 17 Nr. 4 VOB/B ist eine Anerkennung der Tauglichkeit des Bürgen durch den Sicherungsnehmer erforderlich. Dieser vermeintliche Unterschied besteht jedoch nicht, da bei einem Vorliegen der Tauglichkeitsvoraussetzungen des Bürgen der Auftragnehmer einen Anspruch auf Anerkennung des Bürgen besitzt[146]. Der Sicherungsnehmer ist in diesem Fall nicht berechtigt, die Anerkennung zu verweigern. Bei seiner Entscheidung über die Anerkennung der Tauglichkeit des Bürgen muß er sich von objektiven Gesichtspunkten leiten lassen[147]. Er hat lediglich einen Anspruch auf Stellung eines tauglichen Bürgen, nicht aber auf eine Auswahl unter mehreren Bürgen[148]. Die Beweislast für die Tauglichkeit des Bürgen liegt beim zur Sicherheit Verpflichteten[149]. Das Auswahlrecht unter tauglichen Bürgen ist schon deshalb dem Auftragnehmer zuzugestehen, weil dieser die Kosten der Bürgschaft — die Avalprovision — zu tragen hat[150]. Außerdem ist zu berücksichtigen, daß die Herauslage eines Avales

144 Werner/Pastor, Rd.-Nr. 1094.

145 Heiermann in Heiermann/Riedl, § 17 VOB/B, Punkt 4 Rd.-Nr. 20.

146 Heiermann in Heiermann/Riedl, § 17 VOB/B, Punkt 4 Rd.-Nr. 22.

147 Ingenstau/Korbion, § 17 VOB/B, Rd.-Nr. 8.

148 Heiermann in Heiermann/Riedl, § 17 VOB/B, Punkt 4 Rd.-Nr. 22; Ingenstau/Korbion, § 17 VOB/B, Rd.-Nr. 8; vgl. dazu auch Groß, BlGBW 1970, S. 191 (191).

149 Fahse in Soergel/Siebert, § 239 BGB, Rd.-Nr. 3.

150 Ingenstau/Korbion, § 17 VOB/B, Rd.-Nr. 8.

für die Hausbank des Sicherungspflichtigen ein Kreditgeschäft ist. Hierzu ist eine Kreditentscheidung erforderlich. Nicht jede Bank ist bereit, dem Sicherungspflichtigen den erforderlichen Kredit zu geben. Schon aus diesem Grund muß dem Sicherungspflichtigen die Möglichkeit gegeben werden, unter mehreren Banken auszuwählen, damit er eine Bank finden kann, die für ihn das Aval übernimmt.

b) Tauglichkeit eines außerhalb der Bundesrepublik Deutschland in der Europäischen Union zum Geschäftsbetrieb zugelassenen Kreditinstitutes als Bürge

Weitere Voraussetzung der Tauglichkeit des Bürgen ist nach § 239 Abs. I BGB, auf den § 17 Nr. 1 S. 1 VOB/B verweist, daß der Bürge seinen allgemeinen Gerichtsstand im Inland hat. Der allgemeine Gerichtsstand bestimmt sich nach §§ 13 ff. ZPO. Bei Banken, als in der Regel juristische Personen, richtet sich der Gerichtsstand gem. § 17 Abs. I S. 1 ZPO nach dem Sitz des Unternehmens, ggf. gemäß § 21 Abs. I ZPO nach dem Sitz der die Bürgschaftserklärung abgebenden Niederlassung.

Im September 1988 ist § 17 Nr. 2 VOB/B dahingehend geändert worden, daß die Bürgschaft durch ein in der Europäischen Union zugelassenes Kreditinstitut geleistet werden kann. Sofern das in der EU zugelassene Kreditinstitut in Deutschland keinen Sitz hat, begründet es hier gemäß §§ 17 Abs. I S. 1, 21 Abs. I ZPO auch keinen Gerichtsstand mit der Folge, daß das Kreditinstitut zwar nach § 17 Abs. II VOB/B zugelassen, aber nach § 239 Abs. I BGB als Bürge nicht tauglich ist.

Dieser anscheinende Widerspruch zwischen der VOB/B-Regelung und § 239 Abs. I BGB wird in der Literatur nur vereinzelt angesprochen[151]. Das mag darauf zurückzuführen sein, daß in der Praxis heimische Auftragnehmer aufgrund ihres Standortvorteiles die Aufträge bekommen und Bankbürgschaften ihrer Hausbanken, die ebenfalls vor Ort ihre Niederlassung haben, beibringen. Außerdem sind viele ausländische Kreditinstitute — zumindestens mit Niederlassungen in Frankfurt/Main in der Bundesrepublik Deutschland — vertreten.

Im Zuge der Einführung des Binnenmarktes Anfang 1993 ist aber mit einer Ausweitung des grenzüberschreitenden Dienstleistungsverkehres zu rechnen[152]. Dies wird auch für das Baugewerbe, zumindestens im grenznahen Raum gelten. Es wird zu einer vermehrten Auftragsvergabe an Firmen aus anderen EU-Staa-

[151] so: Heiermann in Heiermann/Riedl, § 17 VOB/B, Rd.-Nr. 21;
vgl. auch Ingenstau/Korbion, § 17 VOB/B, Rd.-Nr. 30 und Peter in Salje, § 19 Umwelthaftungsgesetz, Rd.-Nr. 15.

[152] vgl.: Schneider, Uwe, S. 3.

ten kommen, die dann auch Bürgschaften ihrer eigenen Hausbanken beibringen werden.

Heiermann[153] meint, daß § 17 Nr. 2 VOB/B gegenüber § 17 Nr. 4 i.V.m. § 239 Abs. I BGB vorrangig sei, mit der Folge, daß ein in der EU zugelassenes Kreditinstitut nicht mit der Begründung als untauglich zurückgewiesen werden dürfe, es habe keinen Sitz in der Bundesrepublik Deutschland. Dies folge aus der Dienstleistungsfreiheit des Art. 59 EWG-Vertrag[154]. § 239 BGB sei in seiner jetzigen Fassung nicht mit dem EU-Recht vereinbar und müsse daher in angemessener Zeit geändert werden[155].

Die Bürgschaftsübernahme ist keine unter Art. 59 EWG-Vertrag zu subsumierende Dienstleistung[156], sondern Kapitalverkehr i.S.v. Art. 67 Abs. I EWG-Vertrag.

Um die Richtigkeit dieser Argumentation beurteilen zu können, gilt es zunächst zu überprüfen, ob die Übernahme von Bürgschaften durch eine Bank überhaupt als Dienstleistung i.S. von Art. 59 EWG-Vertrag einzuordnen ist[157]. Der Vorgang der Bürgschaftsübernahme könnte nämlich auch als Kapitalverkehr anzusehen sein, der in Art. 67 Abs. I EWG-Vertrag geregelt wird. Die Vorschrift sieht keine Definition des Begriffes „Kapitalverkehr“ vor. Bei den Vertragsverhandlungen war es den Staaten in Brüssel nicht gelungen, eine gemeinsame Begriffsbestimmung zu finden[158]. Dies wurde dem Rat überlassen, der in der 1. Kapitalverkehrsrichtlinie von 1960[159] und in der Liberalisierungsrichtlinie von 1988[160] eine enumerative Definition sowie eine Nomenklatur des Begriffes „Kapitalverkehr“ konkretisiert hat[161]. In dieser Nomenklatur sind unter Punkt IX die Bürgschaften ausdrücklich angeführt, so daß sie dem Kapitalverkehr zuzuordnen sind[162]. Dies entspricht auch der allgemeinen Definition des Begriffes des Kapi-

---

153 Heiermann in Heiermann/Riedl, B § 17 VOB Rd.-Nr. 21.

154 so: Riedl in der Vorauflage des Kommentars Heiermann/Riedl, 5. Aufl., § 17 VOB/B, Rd.-Nr. 21; wohl auch: Heiermann in Heiermann/Riedl, 6. Aufl., § 17 VOB/B, Rd.-Nr. 21.

155 so: Riedl in Heiermann/Riedl, 5. Aufl., § 17 VOB/B, Rd.-Nr. 21; wohl auch: Heiermann in Heiermann/Riedl, 6. Aufl., § 17 VOB/B, Rd.-Nr. 21.

156 so aber: Riedl in Heiermann/Riedl, 5. Aufl., § 17 VOB/B, Rd-Nr. 21.
und Ehricke, EWS 1994, S. 259 ff. (261).

157 zum Verhältnis von Dienstleistungs- und Kapitalverkehr vgl. Schwind, S. 209, der von einer Akzessorietät der Dienstleistungsfreiheit zur Zahlungs- und Kapitalverkehrsfreiheit spricht.

158 Kiemel in Groeben, Art. 67, Rd.-Nr. 1.

159 ABl 1960, Nr. 43 S. 921.

160 Richtlinie des Rates vom 24. Juni 1988 zur Durchführung von Art. 67 des Vertrages (88/361/EWG), Amtsblatt der Europäischen Gemeinschaft, Nr. L 178 vom 08.07.1988, S. 5.

161 Kiemel in Groeben, Art. 67, Rd.-Nr. 1.

162 Richtlinie des Rates vom 24. Juni 1988 zur Durchführung von Art. 67 des Vertrages (88/361/EWG), Amtsblatt der Europäischen Gemeinschaft, Nr. L 178 vom 08.07.1988, S. 5.

talverkehrs als einseitige Wertübertragung[163]. Mit der Übernahme der Bürgschaft ist zunächst eine Zahlung der Avalprovision verbunden, die nicht als Kapitalverkehr anzusehen ist, sondern als Entgelt für die Übernahme des Risikos. Insoweit hat die Übernahme einer Bürgschaft eher Dienstleistungscharakter. Entscheidend für die Einordnung als Kapitalverkehr ist jedoch die in der Bürgschaftsübernahme versteckte Kreditgewährung der Bank an den Auftraggeber der Bürgschaft, die bei Inanspruchnahme aus der Bürgschaft als Kapitalverkehr anzusehen ist.

Zum gleichen Ergebnis kommt man, wenn man auf das Schwergewicht des Geschäftes abstellt[164]. Dieses liegt aber nicht in der Zahlung der Avalprovision[165], sondern in der dem Geschäft zugrundeliegenden Gewährung des Avalkredites. Dieses Kreditgeschäft ist nach der eindeutigen Regelung der 1. Kapitalverkehrsrichtlinie und der Liberalisierungsrichtlinie als Kapitalverkehr einzuordnen. Die mögliche Folge und das Schwergewicht des Geschäftes sind hier für die Einordnung des Vorganges als Teil des Kapitalverkehrs entscheidend.

Mit der Liberalisierung des Kapitalverkehrs verfolgte die EG den Zweck, die in Art. 2 EWG-Vertrag genannten Ziele zu erreichen. Die Unternehmen sollen kostenoptimal ihren Wirtschaftsstandort auswählen können. Die Liberalisierung des Kapitalverkehrs ist eine der Grundvoraussetzung für die wirtschaftliche Integration und die Ausweitung des grenzüberschreitenden Handelsverkehres.

Mit dieser Grundvoraussetzung läßt sich die in § 239 Abs. I BGB normierte Begrenzung der Tauglichkeit des Bürgen auf Personen mit inländischem Gerichtsstand nicht mehr vereinbaren. Dem Auftraggeber eines öffentlichen Auftrages wird die freie Wahl eines Dienstleistungsunternehmens aus dem EU-Bereich versagt. Der gesetzgeberische Grund für die Beschränkung auf inländische Bürgen bei Erlaß des § 239 Abs. I BGB lag darin, daß es einfacher sei, inländische Vertragspartner gerichtlich in Anspruch zu nehmen[166]. Angesichts des engen Zusammenwachsens der Wirtschaft innerhalb der EU trifft dieser Grund nicht mehr zu. Sofern die Inanspruchnahme der Gerichte am Sitz der Bank im EU-Ausland erforderlich ist, mag es zwar eine gewisse tatsächliche Unbequemlichkeit bedeuten, im Ausland einen Prozeß zu führen. Durch die zunehmende internationale Ausrichtung der Anwaltskanzleien, zumindestens der großen Kanzleien, stellt sich die Führung eines Prozesses im EU-Ausland jedoch nicht schwieriger dar, als die Führung eines derartigen Prozesses vor einem deutschen Gericht. Bei Vereinbarung eines inländischen Erfüllungsortes für die Erbringung der Bürgschaftsschuld begründet dieser gemäß Art. 5 Nr. 1 EuGVÜ dort einen Gerichtsstand.

---

[163] Kiemel in Groeben, Art. 67 Abs. I, der irreführend auf eine regelmäßige Vermögensanlage der Bürgschaftssumme hinweist.

[164] Dieses Kriterium wendet Ehrike, EWS 1994, S. 259 ff. (260) an.

[165] so aber: Ehrike, EWS 1994, S. 259 ff. (261).

[166] von Feldmann in Münchener Kommentar, § 239 BGB, Rd.-Nr. 1.

Da die Verfasser der VOB diesen Mißstand der Regelung des § 239 Abs. I BGB, bzw. dessen Widerspruch zum EU-Recht erkannt haben, wurde für die Sicherheitsleistung nach VOB/B bei deren Überarbeitung in § 17 Nr. 2 VOB/B die von § 239 Abs. I BGB abweichende Regelung aufgenommen, nach der die Bürgschaft auch von einem in der Europäischen Union zugelassenen Kreditinstitut erbracht werden kann[167].

Durch die Neufassung des § 17 Nr. 2 VOB/B kommt es auch nicht — wie es zunächst den Anschein haben mag — zu einem Widerspruch zu der Regelung des § 239 Abs. I BGB i.V.m. § 17 Nr. 4 S. 1 VOB/B. Gemäß § 17 Nr. 1 S. 1 VOB/B finden die §§ 232 — 240 BGB auf die Sicherheitsleistung nach VOB nur insoweit Anwendung, als sich aus den nachfolgenden VOB-Bestimmungen nichts anderes ergibt. Da § 17 Nr. 2 VOB/B hinsichtlich der Tauglichkeit des Bürgen eine über § 239 Abs. I BGB hinausgehende Aussage trifft, ist die BGB-Vorschrift hier insoweit gemäß § 17 Nr. 1 S. 1 VOB/B nicht anwendbar. Daraus folgt, daß nunmehr gemäß § 17 Nr. 2 VOB/B ein in der Europäischen Union zugelassenes Kreditinstitut die Vertragserfüllungsbürgschaft nach der VOB durch Bankbürgschaft erbringen kann; dieses Kreditinstitut kann vom Auftraggeber nicht deshalb nach § 17 Nr. 4 S. 1 VOB/B i.V.m. § 239 Abs. I BGB als untauglich zurückgewiesen werden, weil es seinen allgemeinen Gerichtsstand nicht im Inland hat[168].

Wie an anderer Stelle bereits aufgezeigt, hat § 239 Abs. I BGB für viele Bereiche der Sicherheitsleistung Bedeutung. Hier stellt sich deshalb die generelle Frage, ob die Beschränkung des § 239 Abs. I BGB auf Personen mit inländischem Gerichtsstand — wie bereits oben angedeutet — auch für andere Bereiche in Frage zu stellen ist. Die vom Verfasser der VOB vorgenommene Ausweitung der Tauglichkeit des Bürgen auf ausländische Kreditinstitute ist in § 2 Abs. I des Entwurfs einer Verordnung zur Sicherung der Haftung für gentechnische Arbeiten und Freisetzungen (GenTDeckVO[169]) übernommen worden. Danach kann die Freistellungs- oder Gewährleistungsverpflichtungen auch von einem Kreditinstitut übernommen werden, das seinen Sitz im Gebiet der Europäischen Union hat. Eine ähnliche Regelung findet sich auch in der Neufassung des Arzneimittelgesetze aus dem Jahr 1994. Danach wird in § 94 Abs. 1 Satz 3 Nr. 2 auch ein Kreditinstitut eines anderen Mitgliedstaates der Europäischen Gemeinschaften oder eines anderen Vertragsstaates des Abkommens über den Europäischen Wirtschaftsraum als Träger der Deckungsvorsorge zugelassen. Es sind keine Gründe ersichtlich, warum Bürgschaften nach der VOB bzw. Freistellungs- und Gewährleistungsverpflichtung nach dem Gentechnikgesetz

---

167 Riedl in Heiermann/Riedl, 5. Aufl., § 17 VOB/B, Rd.-Nr. 21; Heiermann in Heiermann/Riedl, 6. Aufl., § 17 VOB/B, Rd.-Nr. 21.

168 im Ergebnis ebenso: Heiermann in Heiermann/Riedl, § 17 VOB/B, Rd.-Nr. 21.

169 abgedruckt bei: Eberbach/Lange, Teil B, Anhang zu § 36 GenTG.

bzw. dem Arzneimittelgesetz anders zu behandeln sind, als z.B. Bürgschaften, die zur Absicherung einer Mietzinsforderung gestellt worden sind. Um dem Vorrang des Gemeinschaftsrechtes zu entsprechen, wird deshalb angeregt, die Beschränkung der Tauglichkeit auf Bürgen mit inländischem Wohnsitz in § 239 Abs. I BGB abzuschaffen, soweit diese ihren Gerichtsstand im Bereich der EU haben[170]. Eine derartige Freigabe bringt für denjenigen, der die Tauglichkeit des Bürgen zu prüfen hat, zwar Probleme mit sich, da Informationen oder Erfahrungen mit ausländischen Banken fehlen werden. Dies ist jedoch eine Frage, die sich auf die Angemessenheit des Vermögens und damit auf die Vermögenssituation des Bürgen insgesamt bezieht. Mit der Frage des Gerichtsstandes und einer erleichterten gerichtlichen Durchsetzung von Ansprüchen gegen die Bürgen darf dies nicht vermischt werden.

Solange die Vorschrift des § 239 Abs. I BGB nicht — wie vorstehend beschrieben — geändert ist, müssen nach dem Vorrang des Gemeinschaftsrechtes auch Banken mit Sitz im Bereich der EU-Vertragsstaaten als taugliche Bürgen i.S.v. § 239 Abs. I BGB angesehen werden.

6. *Schriftformklausel*

Nach § 17 Nr. 4 S. 2 VOB/B ist die Erklärung des Bürgen schriftlich abzugeben[171]. Gleichwohl ist eine mündliche Bürgschaft wirksam. Die Gültigkeit der Bürgschaft bestimmt sich nach den allgemeinen Vorschriften. Vielmehr berechtigt § 17 Nr. 4 S. 2 VOB/B den Auftraggeber gegenüber dem Auftragnehmer nur, eine mündliche Bürgschaft zunächst zurückzuweisen[172]. Da Banken gem. § 1 Abs. II Nr. 4 HGB Vollkaufleute sind, ist ihre Bürgschaftserklärung nach § 350 HGB formlos wirksam. Praktische Bedeutung wird diese Frage jedoch nicht erlangen, da Banken mündliche Bürgschaftserklärungen schon aus Gründen der Beweisbarkeit nicht abgeben werden. Dies widerspricht auch den Grundsätzen der kaufmännischen Sorgfaltspflichten, da derartige Bürgschaften nicht nachvollziehbar verbucht werden können. Eine ordnungsgemäße, den gesetzlichen Vorgaben entsprechende Buchführung wäre bei einer mündlichen Bürgschaft nicht mehr möglich. Außerdem erfordert die Bürgschaftsübernahme seitens der Bank auch eine interne Kreditgewährung, die ebenfalls schriftlich zu erfolgen hat. In der Praxis geben Banken deshalb Bürgschaften nur in Form von Bürgschaftsurkunden schriftlich ab. In der Literatur findet man keinen Hinweis

[170] Im Ergebnis ebenso: Ehricke, EWS 1994, S. 259 ff. (262).
vgl. zu diesem Problemkreis auch: Schneider, Uwe, S. 13.

[171] zur Form der Bürgschaft als Sicherheit vgl. auch OLG Koblenz, Rpfleger 1993, S. 355 f. (356).

[172] BGH, Baurecht 1986, S. 361 (361); Heiermann in Heiermann/Riedl, § 17.4 VOB/B, Rd.-Nr. 25.

auf Rechtsprechung, die sich mit mündlichen Bürgschaftserklärungen von Banken beschäftigt. Auch dies deutet darauf hin, daß Banken keine mündlichen Bürgschaften abgeben.

II. Bankbürgschaften als Mietkautionen

Zur Absicherung der Ansprüche des Vermieters gegen seinen Mieter wird in Mietverträgen vielfach die Pflicht des Mieters vertraglich festgelegt, zugunsten des Vermieters eine Sicherheit zu stellen (Mietkaution)[173]. In Betracht kommt dabei die Stellung einer Barkaution, Lohn- und Gehaltsabtretungen[174] sowie die Stellung einer Bürgschaft.

Bei Wohnraum-Mietverträgen vereinbaren die Parteien häufig die Stellung einer Barkaution[175]. Durch den erst im Jahr 1983 in das BGB eingefügten § 550b BGB wird der Vermieter verpflichtet, Mietkautionen für Wohnraum getrennt von seinem Vermögen bei einer Sparkasse oder Bank zu dem für Spareinlagen mit gesetzlicher Kündigungsfrist üblichen Zinssatz anzulegen. Dabei stehen dem Mieter die Zinsen zu, die aber die Sicherheit erhöhen sollen und deshalb auf dem gesperrten Konto angesammelt werden müssen. Es bedarf einer gesonderten Betrachtung, welche Vor- und Nachteile die Stellung der Barkaution auf Sparkonten hat und ob sich als Alternative die Stellung einer Bankbürgschaft anbietet.

Nachteile ergeben sich für den Mieter aus den Kosten der Barkaution. Die Festlegung von Mietkautionen auf Sparkonten mit gesetzlicher Kündigungsfrist bringt dem Mieter nur einen geringen Nutzen[176], da der Zinssatz für derartige Spareinlagen niedrig ist. Aufgrund der geringen Höhe der Kaution besteht in der Regel keine Möglichkeit und auch seitens des Vermieters keine Veranlassung, die Kaution höher verzinslich anzulegen. Die Zielrichtung des Gesetzgebers, den Mieter zu schützen und ihm den Nutzen aus der Anlage zu erhalten, wird verfehlt, da eine marktgerechte Verzinsung der Anlage nicht vorgenommen wird. Deshalb nennt Rudolph[177] als einzigen Nutznießer der Regelung des § 550b BGB die Kreditwirtschaft, die langfestliegende, niedrig zu verzinsende Einlagen mit minimalem Arbeitsaufwand erhält. Solange die Inflationsrate über dem Zinssatz für gesetzliche Spareinlagen (Spareckzins) liegt, wird die Sicherheit in ihrem Wert sogar geringer. Der Mieter erleidet einen realen Verlust, der noch gesteigert wird, wenn der Mieter die Kaution nicht aus eigenen Mitteln aufbringen kann und einen Kredit aufnehmen muß.

[173] Sonnenschein, NJW 1990, S. 17 ff. (23).

[174] vgl. dazu Derleder/Stapelfeld, ZMR 1987, S. 123 ff.

[175] Derleder/Stapelfeld, ZMR 1987, S. 123 ff. (124).

[176] Rudolph, MDR 1990, S. 201 ff. (202).

[177] Rudolph, MDR 1990, S. 201 ff. (203).

Stellt der Mieter dagegen eine Bürgschaft seiner Hausbank, so hat er lediglich die Avalprovision aufzubringen. Diese ist geringer als die Kosten für die Barkaution, insbesondere dann, wenn zur Stellung der Barkaution ein Kredit in Anspruch genommen werden muß.

Aus Sicht des Mieters ist es deshalb sinnvoll, statt einer Barkaution eine Bürgschaft der Hausbank beizubringen. Bezüglich der Sicherheit ergeben sich für den Vermieter keine Nachteile, wenn ihm eine Bankbürgschaft gestellt wird. Bei Barkautionen verstärken allerdings die auflaufenden Zinsen die Sicherheit. Dadurch kommt es zu einer Inflationsanpassung der Sicherheit. Dieser Effekt entfällt bei der Stellung einer Bankbürgschaft, da die Bürgschaftssumme im Laufe der Jahre gleich bleibt. Bei langfristigen Mietverhältnisen ist deshalb zu prüfen, ob in den Mietvertrag eine Verpflichtung des Mieters zur Anpassung der Bürgschaftssumme — z.B. anhand einer Preisgleitklausel — aufzunehmen ist.

III. Bankbürgschaften als Sicherheitsleistung für den Vorschußanspruch des Rechtsanwaltes

Nach § 17 BRAGO kann der Rechtsanwalt von seinem Auftraggeber für die entstandenen und die voraussichtlich entstehenden Gebühren und Auslagen einen angemessenen Vorschuß fordern. Der Vertrag zwischen dem Anwalt und seinem Auftraggeber ist regelmäßig ein Geschäftsbesorgungsvertrag i.S.v. § 675 BGB[178]. Der Anspruch des Rechtsanwaltes auf Vorschuß für seine Auslagen folgt damit schon aus § 669 BGB. Ein Einklagen des Vorschusses ist unzulässig[179]. Zahlt der Vorschußpflichtige den geforderten Vorschuß nicht, kann der Rechtsanwalt seine weitere Tätigkeit für den Auftraggeber so lange einstellen, bis der Vorschuß gezahlt wird[180].

Denkbar wäre, daß der Mandant aufgrund des Vorschußverlangens des Rechtsanwaltes statt eines Barvorschusses auch eine Sicherheitsleistung in anderer Form, z.B. eine Bankbürgschaft beibringt, um den Vorschußanspruch des Anwaltes zu erfüllen.

Der Vorschußanspruch ist grundsätzlich auf Zahlung in Bargeld gerichtet[181]. Der Vorschuß dient auch als Sicherungsmittel, bildet aber zugleich eine Voraus-

---

[178] Hartmann, § 17 BRAGO, Anm. 1A.

[179] Gerold, § 17 BRAGO, Rd.-Nr. 11.

[180] Gerold, § 17 BRAGO, Rd.-Nr. 7.

[181] BGH, MDR 1989, S. 368 f. (369); Hartmann, § 17 BRAGO, Anm. D; Gerold, § 17 BRAGO, Rd.-Nr. 5; zur Vorschußpflicht nach § 669 BGB, die ebenfalls in Geld zu leisten ist, vgl. Mühl in Soergel, § 669 BGB, Rd.-Nr. 3; Seiler in Münchener Kommentar, § 669 BGB, Rd.-Nr. 6.

zahlung auf die noch nicht entstandene und noch nicht fällige Vergütung[182]. Der Beauftragte soll durch die Vorschußzahlung von den Kosten der Auftragsdurchführung entlastet werden; es handelt sich mithin um einen vorweggenommenen Aufwendungsersatz[183]. Daraus folgt, daß die Vorschußpflicht nicht nur zur Sicherung der Ansprüche des Anwaltes dient. Die Leistung einer anderweitigen Sicherheit, z.B. einer Bankbürgschaft, ist zwar geeignet, den Sicherungszweck zu erfüllen. Allerdings führt sie nicht zu einem vorweggenommenen Aufwendungsersatz. Falls der Mandant auf ein Vorschußverlangen des Anwaltes ohne dessen Zustimmung eine Bankbürgschaft beibringt, erfüllt er damit nicht die Voraussetzungen einer ordnungsgemäßen Vorschußleistung.

Dem steht nicht entgegen, daß die Parteien statt einer Vorschußzahlung in bar auch eine anderweitige Sicherung vereinbaren können[184]. Die Rechtsprechung hat als Sicherungsmittel die Sicherungsübereignung von Schmuck[185] und die Sicherungsübereignung von Möbeln[186] zugelassen. Es bestehen keine Bedenken gegen eine Vereinbarung der Parteien, Sicherheitsleistungen durch eine Bankbürgschaft zu erbringen. Liegt ein derartiges Einverständnis der Parteien des Anwaltsvertrages vor, so kann die Beibringung einer Bankbürgschaft als Erfüllung des Vorschußanspruches nach § 17 BRAGO angesehen werden.

IV. Bankbürgschaft als Sicherheitsleistung für den Bauhandwerkerlohn

Zur Verbesserung der Sicherung der Bauhandwerker hat der Gesetzgeber eine Sicherheitsleistung in § 648 a BGB vorgesehen. Nach § 648 a Abs. I S. 1 BGB kann der Unternehmer eines Bauwerkes vom Besteller Sicherheit für die von ihm zu erbringenden Vorleistungen verlangen. Die Nichterbringung der Sicherheit begründet ein Leistungsverweigerungsrecht des Unternehmers.

Gemäß § 648 a Abs. II S. 1 BGB kann die Sicherheit auch durch eine Garantie oder ein sonstiges Zahlungsversprechen eines im Geltungsbereich des Gesetzes zugelassenen Kreditinstitutes erbracht werden. Entgegen der bereits bestehenden Form der Sicherung des Anspruchs des Bauhandwerkers durch die Be-

182 Gerold, § 17 BRAGO, Rd.-Nr. 8.

183 Seiler in Münchener Kommentar, § 669 BGB, Rd.-Nr. 1.

184 BGH, MDR 1989, S. 368 f. (369); OLG Braunschweig, Nds. Rechtspflege 1962, S. 83 (83); Hartmann, § 17 BRAGO, Anm. E, der darauf hinweist, daß in einem derartigen Fall der Anwalt dem Auftraggeber den Rat zu geben hat, Prozeßkostenhilfe zu beantragen; Gerold, § 17 BRAGO, Rd.-Nr. 5.

185 BGH, MDR 1989, S. 368 f. (368).

186 OLG Braunschweig, Nds. Rechtspflege 1962, S. 83 (83).

stellung einer Bauhandwerkersicherungshypothek nach § 648 Abs. I BGB werden bei der Sicherung nach § 648 a BGB nicht das zu bebauende Grundstück, sondern die Finanzierungsmittel des Bestellers als Grundlage der Sicherung verwandt[187].

Gleichzeitig eröffnet die Sicherung dem Unternehmer durch die Offenlegung des Namens der finanzierenden Bank und deren Zahlungsversprechen eine Informationsmöglichkeit über die Seriosität der zugrundeliegenden Baufinanzierung. Der Unternehmer erhält eine eindeutige Aussage darüber, ob die Baufinanzierung und damit auch sein Zahlungsanspruch gegen den Besteller gesichert ist.

Die Art der Sicherheitsleistung ergibt sich aus § 648 a Abs. II S. 1 BGB. Abweichend von §§ 232 ff. BGB wird eine Garantie oder ein sonstiges Zahlungsversprechen einer Bank als Sicherungsmittel zugelassen. Durch die gegenüber §§ 232 ff. BGB weitgefaßte Formulierung sollen auch neuartige Entwicklungen von Sicherungsinstrumenten unter die Vorschrift subsumiert werden können[188]. Neben der Auszahlungsgarantie des Kreditinstitutes[189] kommt als eine Form des Zahlungsversprechens einer Bank damit auch die Übernahme der Bürgschaft als eine der Grundformen des Zahlungsversprechens in Betracht. Eine Besonderheit enthält § 648 a Abs. II S. 2 BGB. Danach darf die Bank aus dem Zahlungsversprechen erst dann zahlen, wenn entweder der Besteller den Anspruch des Unternehmers anerkannt hat oder aber ein vorläufig vollstreckbares Urteil zur Zahlung der Vergütung vorgelegt wird. Das Gesetz weicht hier von der vielfach angewandten Form der selbstschuldnerischen Bürgschaft auf erstes Anfordern zum Schutz sowohl des Kreditinstitutes als auch des Bestellers ab[190]. Der Besteller wird davor geschützt, daß das Kreditinstitut den Bürgschaftsbetrag zahlt, obwohl er den Anspruch des Unternehmers bestreitet und er dadurch über den Umweg des Rückgriffanspruches des Bürgen zur Zahlung des umstrittenen Betrages verpflichtet wird. Hier läuft der Besteller Gefahr, daß der Bürgschaftsgläubiger seine formale Rechtsstellung durch ein tatsächlich nicht gerechtfertigtes Zahlungsverlangen mißbraucht und ihm außerdem das Insolvenzrisiko des Bürgschaftsgläubigers übertragen wird.

Das Kreditinstitut wird durch die eindeutige Regelung des § 648 a Abs. II S. 2 BGB davor bewahrt, in einen Rechtsstreit über das Bestehen der Werklohnforderung gezogen zu werden.

Durch diese neue Form der Sicherungsleistung werden (in erfreulicher Weise) die Bauunternehmer vor den Folgen einer Insolvenz ihres Auftraggebers ge-

[187] Scholtissek, MDR 1992, S. 443 f. (444).

[188] Scholtissek, MDR 1992, S. 443 f. (444).

[189] Scholtissek, MDR 1992, S. 443 f. (444).

[190] Scholtissek, MDR 1992, S. 443 f. (444).

schützt und der bisher unzureichende Schutz[191] durch die Bauhandwerkersicherungshypothek verbessert.

V. Bankbürgschaft statt Hinterlegung im Bauvertragsrecht — Urteil des BGH vom 11.10.1984

Aus der Entscheidung des BGH vom 11.10.1984[192] könnte sich eine weitere Einsatzmöglichkeit für die Sicherheitsleistung ergeben. Im dort entschiedenen Fall erwarb der Kläger von der Beklagten ein Grundstück, auf dem die Beklagte ein Haus zu errichten hatte. Der Kaufpreis für das Hausgrundstück war nach Baufortschritt in fünf Teilbeträgen fällig und vom Kläger an die Beklagte zu zahlen. In § 2 des Kaufvertrages wurde folgende Klausel aufgenommen: „Der Verkäufer kann verlangen, daß vor Übergabe des bezugsfertigen Hauses die dann noch nicht fälligen Kaufpreisteile von insgesamt 14 % nach Anweisung des Verkäufers entweder auf ein Anderkonto des Notars oder ein auf den Namen des Erwerbers und zugunsten des Verkäufers gesperrtes Sparkonto eingezahlt werden." Aufgrund dieser Vertragsbestimmung forderte die Beklagte den Kläger zur Hinterlegung des vierten und fünften Teilbetrages auf, als diese noch nicht fällig waren. Der Kläger hinterlegte die geforderten Beträge schließlich, machte gleichzeitig aber Minderung und Leistungsverweigerungsrechte geltend.

Nach Ansicht des BGH war die Verpflichtung zur Hinterlegung nicht zulässig, da durch die Hinterlegung eine Vorleistungspflicht des Klägers begründet werde, mit der Folge, daß er Leistungsverweigerungsrechte nicht geltend machen könne[193]. Durch die Hinterlegungsklausel werde ein Leistungsverweigerungsrecht des Käufers eingeschränkt. Dies verstoße gegen das Klauselverbot nach § 11 Nr. 2 AGBG. Die Hinterlegung führe zu einer Umgehung des § 11 Nr. 2a AGBG, so daß nach § 7 AGBG die umgangene Vorschrift anwendbar sei. Es sei nicht zulässig, besondere, im Gesetz nicht vorgesehene, Vorleistungspflichten zu begründen und so eigene Ansprüche durchzusetzen, obwohl Gegenansprüche bestünden[194]. Das Geltendmachen von Gegenansprüchen werde dem Käufer unzulässig verweigert.

Im entschiedenen Fall hatte die Beklagte die Hinterlegungsklausel in den Kaufvertrag aufgenommen, um sich vor einer möglichen Insolvenz des Käufers während der Bauphase zu schützen. Mit der Hinterlegungsklausel wollte sie si-

---

191 siehe: Scholtissek, MDR 1992, S. 443 f. (443); der darauf hinweist, daß letztlich nur 1,2 % der Handwerksbetriebe aus derVerwertung der Bauhandwerkersicherungshypothek vollständig befriedigt worden sind.

192 BGH, NJW 1985, S. 852 f.

193 BGH, NJW 1985, S. 852 f. (852).

194 BGH, NJW 1985, S. 852 f. (853).

cherstellen, daß bei Fälligkeit der Beträge die Kaufsumme auch gezahlt werden konnte.

In seiner Urteilsanmerkung weist Warda[195] auf die Möglichkeit hin, anstelle der unzulässigen Hinterlegung Bankbürgschaften als Sicherungsmittel einzusetzen.

1. Bankbürgschaft des Bauträgers zur Unterlegung der hinterlegten Beträge

Der Bauträger könnte eine Bankbürgschaft zugunsten des Käufers zur Unterlegung der hinterlegten Beträge stellen, um die Ansprüche des Auftraggebers auf Leistung bzw. Rückzahlungen der geleisteten Beträge gegen ihn abzusichern. Allerdings müßte auch dann der Auftraggeber vor Fälligkeit leisten, ohne eigene Leistungsverweigerungsrechte geltend machen zu können[196].

Grundsätzlich wird der Besteller durch die Bankbürgschaft davor geschützt, daß er seine etwaigen Gewährleistungsansprüche wegen finanzieller Probleme des Bauträgers nicht mehr durchsetzen kann. Durch die Stellung der Bankbürgschaft wird aber seine Vorleistungspflicht nicht beseitigt. Durch die Hinterlegung der Beträge verliert er die Verfügungsgewalt über die Teilbeträge, ohne eigene Gegenansprüche geltend machen zu können. Die Bankbürgschaft dient hier nur zur Sicherung etwaiger Gewährleistungsansprüche, deren Durchsetzung durch die Hinterlegung des Geldes erschwert wird. Gerade die Erleichterung der Durchsetzung der Gewährleistungsansprüche ist jedoch das gesetzgeberische Motiv des § 11 Nr. 2a AGBG[197], so daß der Ersatz der hinterlegten Beträge durch eine Bankbürgschaft des Bauträgers nicht geeignet ist, die nach § 11 Nr. 2a AGBG ungültige Klausel zu heilen.

2. Bankbürgschaft durch den Käufer statt Hinterlegung

Fraglich ist, ob der Käufer bei Zugrundelegung der Auffassung des BGH wirksam verpflichtet werden kann, eine Bankbürgschaft zur Absicherung des Kaufpreises zugunsten des Bauträgers zu stellen. Ebenso wie die Hinterlegung führt die Stellung einer Bankbürgschaft durch den Besteller zu einer Sicherung des Vergütungsanspruches des Bauträgers[198]. Warda[199] hält ein derartiges Ver-

---

[195] Warda, MittRhNotK 1987, S. 173 ff. (189).

[196] Warda, MittRhNotK 1987, S. 173 ff. (189).

[197] Zum Schutzzweck der §§ 273, 320 BGB und deren Abdingbarkeit vgl. Heinrichs in Palandt, § 11 AGBG, Anm. 2.

[198] Warda, MittRhNotK 1987, S. 173 ff. (189).

[199] Warda, MittRhNotK 1987, S. 173 ff. (190).

fahren für zulässig. Durch die Stellung der Bankbürgschaft werde keine Vorleistungspflicht des Bestellers begründet. Die Bankbürgschaft bestehe nur in Höhe der jeweils geschuldeten Vertragssumme. Sofern der Besteller Leistungsverweigerungsrechte habe, könne die Bank gem. § 768 BGB die dem Hauptschuldner zustehenden Einreden selbst geltend machen. Wegen der Akzessorietät der Bürgschaft werde weder durch die Stellung der Bankbürgschaft noch durch deren Inanspruchnahme eine Vorleistung des Bestellers begründet.

Diese Ansicht ist abzulehnen. Sie berücksichtigt nicht, daß die Bankbürgschaft nach kaufmännischen Gepflogenheiten stets auf erstes Anfordern gestellt wird. Die Banken verpflichten sich dabei, auf erste Anforderung des Bürgschaftsnehmers zu zahlen, wobei im Interesse des Auftraggebers zu fordern ist, daß die Anforderung schriftlich erfolgt und der Begünstigte eine Erklärung abgibt, aus der sich die Art der Pflichtverletzung des Auftraggebers ergibt. Diese Forderung folgt aus einer entsprechenden Anwendung des Art. 20 a der ICC-Einheitlichen Richtlinien für auf Anfordern zahlbare Garantien der Internationalen Handelskammer. Die Bank verzichtet grundsätzlich auf die dem Bürgen zustehenden Einreden, so daß auch bei bestehenden Gegenansprüchen die Inanspruchnahme der Bank nicht verhindert werden kann und somit praktisch zu einer Vorleistung des Bestellers führt. Eine derartige Vorleistung in Allgemeinen Geschäftsbedingungen zu vereinbaren, ist nach § 11 Nr. 2a AGBG unzulässig[200]. Die Stellung einer Bankbürgschaft auf erstes Anfordern ist deshalb aus den gleichen Gründen, die der BGH zur Rechtsunwirksamkeit der Hinterlegungsklausel dargelegt hat, rechtlich unwirksam.

Sofern die Bank keine Bürgschaft auf erstes Anfordern, sondern eine Bürgschaft ohne Verzicht auf Einreden abgäbe, wäre sie in einem Bauprozeß gezwungen, bei der Inanspruchnahme aus der Bürgschaft die Einreden des Schuldners gem. § 768 BGB geltend zu machen. Darauf wird sich kaum eine Bank einlassen.

Die Übernahme einer Bürgschaft auf erstes Anfordern stellt für die Bank ein zusätzliches Problem dar. Die Bank ist nach § 18 KWG verpflichtet, Kredite nur gegen Sicherheiten herauszulegen, wenn die Kredite den Betrag von 250.000,00 DM überschreiten und der Kreditnehmer seine Vermögensverhältnisse nicht aktuell belegen kann. Bei der Erstellung von Bauobjekten darf die Bank deshalb grundsätzlich nur nach Baufortschritt Kreditmittel freigeben. Beachtet sie diesen Grundsatz nicht, entspricht der Sicherungswert des noch nicht fertiggestellten Hauses nicht dem ausgeschöpften Kreditrahmen, so daß der Kredit ungesichert ist und unter Umständen gegen § 18 KWG verstößt. Übernimmt die Bank eine Bürgschaft auf erstes Anfordern, hat sie bei der Inanspruchnahme aus der Bürgschaft unter Umständen bereits vor Baufortschritt die Kreditmittel zur Verfügung zu stellen. Die in § 18 KWG genannten Vorausset-

[200] BGH, ZIP 1993, S. 1713 f. (1713), für den Fall einer Garantie auf erstes Anfordern.

zungen kann sie dann nicht mehr einhalten, wenn ihr nicht unverzüglich die in § 18 KWG genannten Unterlagen eingereicht werden. Zudem wird das Kreditrisiko unzulässig erhöht, da die Sicherheit den Kredit nicht mehr deckt.

Zusammenfassend ist festzustellen, daß die AGB - Verpflichtung zur Stellung einer Bankbürgschaft auf erstes Anfordern zur Absicherung des Vergütungsanspruches des Bauunternehmers gegen § 11 Nr. 2a AGBG verstößt und somit unwirksam ist. In Betracht kommt zur Absicherung des Vergütungsanspruches des Bauträgers nur die Stellung einer Bankbürgschaft für die jeweils fälligen Teilbeträge[201], wobei die Bank auf die Einreden des Bürgen nicht verzichten darf. Eine derartige Bürgschaft ist nunmehr in § 648 a BGB vorgesehen.

VI. Die Bankbürgschaft als Sicherheit im Pauschalreiserecht

Zur Umsetzung der EG-Richtlinie 90/314/EWG hat der Gesetzgeber nunmehr die neue Vorschrift des § 651 k BGB erlassen. Danach hat der Reiseveranstalter sicherzustellen, daß im Fall seiner Zahlungsunfähigkeit oder seines Konkurses dem Reisenden der von diesem gezahlte Reisepreis — soweit die Reiseleistungen noch nicht erbracht worden sind — und die notwendigen Aufwendungen für die Rückreise erstattet werden. Die Sicherheit kann nur durch den Abschluß einer entsprechenden Versicherung oder durch ein Zahlungsversprechen eines im Geltungsbereich des Gesetzes zum Geschäftsbetrieb befugten Kreditinstitutes erbracht werden.

Die Reisebranche hat den Deutschen Reisepreisversicherungsverein VVaG (DRS) gegründet, der die erforderlichen Versicherungen anbieten soll.[202] Aber auch die Bankbürgschaft bietet sich hier als Sicherheitsmittel an, wenn der Reiseveranstalter über die erforderlichen Eigenmittel bzw. Kreditlinien bei seiner Hausbank verfügt. Führich[203] hält die Bankbürgschaft als Sicherheitsmittel allerdings nur für Großveranstalter für geeignet, da es in den übrigen Fällen Schwierigkeiten bei der Abwicklung des Schadensfalles (Bonitätsprüfung, Prämienhöhe, Rückreiseservice) gebe. Dem ist zu widersprechen. Die erforderliche Bonitätsprüfung für den Avalkredit gehört zum täglichen Geschäft der kreditgebenden Bank. Bei einer banküblichen Begleitung des Kreditengagements kann die Bank täglich über eine neue Kreditherauslage entscheiden, so daß die Bewilligung des Kredites und damit auch die Übernahme der Bürgschaft ohne Komplikationen möglich ist. Die „Prämienhöhe" einer Bürgschaft läßt sich leichter kalkulieren als die Prämie für eine Versicherung, da sich der Preis für den Aval-

[201] Grziwotz, NJW 1994, S. 2745 ff. (2746).

[202] Führich, NJW 1994, S. 2446 ff. (2449).

[203] Führich, NJW 1994, S. 2446 ff. (2449).

kredit am jeweiligen Zinsniveau, der Sicherheitenlage und der Bonität des Schuldners orientiert. Zur Kalkulation der Versicherungsprämie sind dagegen aufwendige versicherungsmathematische Berechnungen erforderlich, wobei zunächst das Versicherungsrisiko zu bestimmen ist. Dagegen ist die bürgende Bank nicht verpflichtet, die Rückreise der gestrandeten Urlauber durch die Organisation der Rückreise sicherzustellen. Insofern bestimmt § 651 k Abs. I S. 1 Nr. 2 BGB ausdrücklich, daß lediglich die Erstattung der notwendigen Auslagen des Reisenden für die Rückreise zu gewährleisten ist, nicht aber, daß die Bank den Rücktransport des Reisenden schuldet.

Aus den oben angesprochenen Gründen[204] ist die Beschränkung der tauglichen Bürgen auf Banken, die im Geltungsbereich des Gesetzes zum Geschäftsbetrieb befugt sind, nicht mit dem geltenden EU-Recht zu vereinbaren und aus diesem Grund dahingehend auszulegen, daß auch Banken mit Sitz in der Europäischen Union als Bürgen zulässig sind.

Eine besondere Regelung enthält § 651 k Abs. III BGB. Danach hat der Reiseveranstalter dem Reisenden einen unmittelbaren Anspruch gegen das Kreditinstitut zu verschaffen. Zudem ist dem Kunden eine Bestätigung des Sicherungsgebers über die Sicherung zu übergeben (Sicherungsschein).Der Sicherungsschein erfüllt zwei Aufgaben: zum einen wird durch die Übergabe des Sicherungsscheines an den Reisenden sichergestellt, daß der Veranstalter auch tatsächlich den Reisepreis abgesichert hat, zum anderen erfolgt die für den Abschluß des Bürgschaftsvertrages erforderliche Konkretisierung des Bürgschaftsbegünstigten. Insoweit ist diese Regelung eine gesetzestechnische Neuheit für die Stellung von Bürgschaften im Massengeschäft, die auch für andere Rechtsbereiche Vorbild seien kann und die Möglichkeiten der Sicherheitsleistung durch Bankbürgschaft erweitern wird.

C. Die Bankbürgschaft als Sicherheitsleistung im Öffentlichen Recht

In zahlreichen Vorschriften des Öffentlichen Rechtes ist die Anordnung einer Sicherheitsleistung vorgesehen. Zum Teil dient sie der Sicherung oder Durchsetzung öffentlicher Zahlungsansprüche, zum Teil soll sie ein bestimmtes Verhalten des Bürgers herbeiführen. Im folgenden werden — ohne Anspruch auf Vollständigkeit — die für die Praxis relevanten Bereiche der Sicherheitsleistung dargestellt. Dabei gilt es für jeden Einzelfall zu hinterfragen, ob die Sicherheitsleistung durch Bankbürgschaft erbracht werden kann.

---

[204] s. S. 52.

I. Sicherheitsleistung für die Errichtung von Gemeinschaftsanlagen

Bei der Erstellung eines Bebauungsplanes ist der Planungsträger nach § 9 Abs. I Nr. 22 BauGB befugt, auch Flächen für Gemeinschaftsanlagen auszuweisen. Der Gesetzgeber nennt einige Beispiele von Gemeinschaftsanlagen, wie Kinderspielplätze, Freizeiteinrichtungen, (Kfz)-Stellplätze und Garagen. Diese Aufzählung ist jedoch nicht abschließend[205]. Auch andere Gemeinschaftsanlagen, wie z.B. Flächen für Abfallbehälter oder Anlagen des Lärmschutzes sind denkbar.

Die Gemeinschaftsanlagen dienen nicht einem einzelnen oder der Allgemeinheit der Bürger, sondern der Gemeinschaft der Anlieger eines Wohngebietes. Demzufolge haben die Gesetzgeber verschiedener Landesbauordnungen vorgesehen, daß zur Kostentragung für die Gemeinschaftsanlagen die Eigentümer oder Erbbauberechtigten der Grundstücke verpflichtet sind, für welche die betreffende Gemeinschaftsanlage bestimmt ist[206]. Ziel dieser Vorschriften ist es, die Gemeinde von Kosten für die Erstellung von Gemeinschaftsanlagen freizustellen. Die genaue Kostenhöhe zur Errichtung einer Gemeinschaftsanlage steht erst fest, wenn ein Baugebiet einschließlich der Gemeinschaftsanlagen fertiggestellt ist. Demzufolge werden auch erst zu diesem Zeitpunkt die Beiträge der Anlieger zur Zahlung fällig.

Um die Gemeinde bzw. die Gemeinschaft der übrigen Grundstückseigentümer eines Baugebietes vor der Gefahr einer Insolvenz eines Grundstückseigentümers zu schützen, sehen einige Landesbauordnungen die Verpflichtung zur Sicherheitsleistung für die Kosten der Erstellung von Gemeinschaftsanlagen vor[207]. Die einzelnen Landesbauordnungen enthalten keine Regelung, wie die Sicherheitsleistung zu erbringen ist. Sie verweisen vielmehr auf die grundsätzliche Regelung der §§ 232 ff. BGB. Die in § 232 Abs. I BGB genannten Sicherungsmittel können von den Bauherren in der Regel nicht aufgebracht werden. Häufig angewandtes und zweckmäßiges Sicherungsinstrument ist deshalb nach § 232 Abs. II BGB die Stellung einer Bankbürgschaft[208]. Die Höhe der zu erbringenden Sicherheitsleistung richtet sich nach dem Anteil der voraussichtlichen Kosten für die Herstellung der Gemeinschaftsanlage, der auf den jeweiligen Bauherrn entfällt[209].

---

[205] Löhr in Battis, § 9 BauGB, Rd.-Nr. 79; vgl. auch Ernst/Zinkahn/Bielenberg, § 9 BauGB, Rd.-Nr. 66.

[206] vgl. dazu die Regelungen in Art. 53 Abs. I S. 1 der BayBauO, oder § 11 Abs. I S. 1 NwBauO;§ 22 NBauO.

[207] § 52 Abs. III NBauO, Art. 53 Abs. III S. 1 BayBauO, § 11 Abs. III NwBauO, § 74 Abs. III HessBauO, § 12 Abs. III BwBauO.

[208] Simon, Art. 53 BayBauO, Rd.-Nr. 36; Wiechert in Grosse-Suchsdorf/Schmaltz/Wiechert, § 47 NBauO, Rd.-Nr. 50.

[209] Simon, Art. 53 BayBauO, Rd.-Nr. 36.

Regelmäßig werden bauliche Investitionen durch Bankkredite finanziert. Bei der Erstellung des Gesamtfinanzierungskonzeptes für die Baumaßnahme besteht die Möglichkeit, durch die Bank eine Bankbürgschaft für die zu erwartenden Kosten der Gemeinschaftsanlage in die Baufinanzierung mit einzubeziehen. Das Gesamtfinanzierungsvolumen wird dadurch nicht erhöht, da durch die zeitliche Abfolge — zunächst Stellung der Bankbürgschaft, danach Zahlung der Kosten für die Gemeinschaftsanlage durch den Bauherrn gegen Rückgabe der Bürgschaftsurkunde — das Kreditrisiko der Bank durch die Übernahme der Bürgschaft nicht gesteigert wird. Eine gesonderte Kreditprüfung bzw. Sicherung der Bankbürgschaft erübrigt sich. Der Bauherr hat durch die Stellung der Bankbürgschaft einen Liquiditätsvorteil, da er die Kosten für die Erstellung der Gemeinschaftsanlage zunächst nicht finanzieren muß, sondern nur niedrige Avalzinsen aufzubringen hat und erst später die Zahlung der Kosten für die Gemeinschaftsanlage erfolgt.

II. Sicherheitsleistung für die Stellplatz- und Garagenpflicht

Bei der Planung von Baugebieten gehen die Gemeinden heute nach dem Grundsatz vor, möglichst flächensparend die Baugrundstücke einzuteilen. Es wird eine dichte Bebauung mit einer entsprechend höheren Bevölkerungsdichte angestrebt. Mit der intensiven Nutzung von Baugrundstücken zu Wohn- und Gewerbezwecken ist eine erhebliche Zunahme des Verkehrsaufkommens verbunden. Sofern Fahrzeuge des Individualverkehrs durch die Nutzung der Baugrundstücke erwartet werden, sehen die Landesbauordnungen[210] die Verpflichtung des Grundstückseigentümers vor, ausreichend Einstellplätze zu schaffen. Es soll sichergestellt werden, daß Besucher und Anwohner ausreichend Stellplätze vorfinden, damit der ruhende Verkehr geordnet ablaufen kann. Demzufolge setzt die Baugenehmigungsbehörde bei der Erteilung der Baugenehmigung die Zahl der vorzuhaltenden Einstellplätze fest.

Grundsätzlich müssen die Einstellplätze vor Ingebrauchnahme der baulichen Anlage fertiggestellt sein (z.B. § 47 Abs. IV S. 1 NBauO). Ausnahmsweise ist eine Erteilung der Baugenehmigung auch dann zulässig, wenn die Einstellplätze erst nach Inbetriebnahme der Gebäude fertiggestellt werden sollen. Damit die Behörde sicher sein kann, daß der Bauherr die erforderlichen Einstellplätze auch errichtet, ist in Niedersachsen die Möglichkeit vorgesehen, die Stellung einer Sicherheitsleistung zu verlangen (§ 47 Abs. IV NBauO). Die Baugenehmigung kann von der Leistung einer Sicherheit abhängig gemacht werden.

---

[210] z.B. § 47 Abs. II NBauO; Art. 55 Abs. II S. 1 BayBauO; § 47 Abs. I S. 1 NWBauO; § 39 Abs. I S. 1 BWBauO; § 67 Abs. II S. 1 HessBauO.

Die Bauaufsichtsbehörde mindert durch die Anordnung einer Sicherheitsleistung das Risiko, das zwar die bauliche Anlage durch den Bauherrn errichtet wird und damit der ruhende Verkehr entsteht, der Bauherr später aber seine Verpflichtung zur Erstellung der Einstellplätze nicht erfüllt bzw. wegen mangelnder finanzieller Mittel nicht mehr erfüllen kann[211]. Aus den Mitteln der Sicherheitsleistung kann die Bauaufsichtsbehörde dann die Kosten der Ersatzvornahme für die Erstellung der Einstellplätze decken[212]. Die Höhe der Sicherheitsleistung wird sich deshalb nach der Höhe der voraussichtlichen Kosten für die Erstellung der Einstellplätze richten. Als Art der Sicherheitsleistung bietet sich wiederum die Bankbürgschaft an[213]. Für den Bauherrn und das finanzierende Kreditinstitut entsteht durch die Verpflichtung zur Sicherheitsleistung, wie oben dargestellt, kein zusätzliches Finanzierungs- oder Risikovolumen, da die geschätzten Kosten für die Errichtung der Einstellplätze und die Avalhöhe identisch sind. Soweit die Einstellplätze errichtet sind, erhält die Bank von der Gemeinde die Bürgschaftsurkunde zurück und kann die Kosten der Errichtung der Einstellplätze an das Bauunternehmen überweisen. Dem Bauherrn entstehen geringe zusätzliche Kosten durch die zu zahlende Avalprovision.

III. Sicherheitsleistung für die Ablösung der Stellplatzpflicht

Die Zunahme des Individualverkehrs in den Städten und die damit verbundene Ausweitung des ruhenden Verkehres hat sich in den vergangenen Jahren für die Städte und Gemeinden zu einem großen Problem entwickelt. Parkraum, vor allem in den Ballungs- und Stadtzentren ist knapp und teuer. Aufgrund der hohen Grundstückspreise und der Verknappung der bebaubaren Flächen in den Städten ist es insbesondere bei Baumaßnahmen in Innenstädten nicht mehr möglich, die erforderlichen Einstellplätze für Fahrzeuge auf dem Baugrundstück selbst zu schaffen. Für diesen Fall sehen die Landesbauordnungen die Möglichkeit der Ablösung der Stellplatzpflicht durch Zahlung eines Geldbetrages vor[214]. Diese Beträge sollen dann entweder zur Schaffung größerer Parkplätze durch Errichtung von Parkhochhäusern oder Tiefgaragen[215] oder aber zur Verbesserung des öffentlichen Personennahverkehrs eingesetzt werden. Der Einsatz von Mitteln für die Erstellung von Einstellplätzen für die Verbesserung des öffentlichen Personennahverkehrs ist vom Gesetz noch nicht vorgesehen. Im Zuge der Neuorientierung der Politik — weg von einer Bevorzugung des Individualver-

---

211 Wiechert in Grosse-Suchsdorf/Schmaltz/Wiechert, § 47 NBauO, Rd.-Nr. 50.

212 Wiechert in Grosse-Suchsdorf/Schmaltz/Wiechert, § 47 NBauO, Rd.-Nr. 50.

213 Wiechert in Grosse-Suchsdorf/Schmaltz/Wiechert, § 47 NBauO, Rd.-Nr. 50.

214 z.B. § 47 Abs. V S. 1 NBauO; Art. 56 Abs. I S. 1 BayBauO.

215 vgl. § 47 Abs. V S. 2 NBauO; Art. 56 Abs. II S. 1 BayBauO.

kehrs, hin zu einer stärkeren Förderung des öffentlichen Personennahverkehrs — ist dies jedoch zu erwarten.

Die Ablösung der Stellplatzpflicht durch die Zahlung eines Geldbetrages ist gegenüber der Erstellung der Einstellplätze als Ausnahme gedacht[216]. Sie muß deshalb entweder als Auflage zur Baugenehmigung oder als Verpflichtung aus einem öffentlich-rechtlichen Vertrag zwischen Gemeinde und Bauherr in die Baugenehmigung eingebunden werden[217]. Der Ablösebetrag ist spätestens bei Ingebrauchnahme des Bauwerkes fällig[218]. Sofern der Bauherr die Ablösesumme nicht zahlt, ist die Rücknahme der Baugenehmigung nicht zweckmäßig und auch nicht zulässig[219]. Vielmehr muß die Gemeinde nach den Vorschriften des Verwaltungsvollstreckungsverfahrens versuchen, den Geldbetrag im Wege der Zwangsvollstreckung beizutreiben[220]. Im Extremfall kann dieses dahin führen, daß der pflichtige Grundstückseigentümer nicht mehr über Vermögenswerte verfügt. Die Gemeinde, die mit den Folgen des ruhenden Verkehrs belastet wird, hätte entsprechende Parkmöglichkeiten zu schaffen, ohne daß der pflichtige Bauherr sich an den Kosten der Erstellung der Parkplätze beteiligt. Um der Gemeinde dieses Risiko zu ersparen, sehen einige Landesbauordnungen die Möglichkeit der Anordnung einer Sicherheitsleistung vor, die zur Absicherung der Zahlung des Ablösebetrages verwandt wird[221].

Für die Erbringung der Sicherheitsleistung gilt das oben[222] Gesagte. Auch hier bietet sich die Bankbürgschaft als Sicherungsmittel an[223]. Sie ist ein vollwertiges und werthaltiges Sicherungsmittel, berücksichtigt aber auch das Interesse des Bauherrn an einer Zahlung der Ablösesumme erst zum Fälligkeitszeitpunkt.

IV. Sicherheitsleistung für die Erstellung von Kinderspielplätzen

Eine in den anderen Landesbauordnungen nicht enthaltene Möglichkeit, eine Sicherheit anzuordnen, enthält Art. 8 Abs. II S. 4 der BayBauO.

Nach Art. 8 Abs. I BayBauO ist bei einer bestimmten Wohnungsanzahl auf einem Grundstück (Mehrfamilienhäuser) ein entsprechend großer Kinderspiel-

---

216 Wiechert in Grosse-Suchsdorf/Schmaltz/Wiechert, § 47 NBauO, Rd.-Nr. 45.

217 Wiechert in Grosse-Suchsdorf/Schmaltz/Wiechert, § 47 NBauO, Rd.-Nr. 45.

218 Wiechert in Grosse-Suchsdorf/Schmaltz/Wiechert, § 47 NBauO, Rd.-Nr. 45.

219 Auf die Erteilung einer Baugenehmigung hat der Grundstückseigentümer bei Vorliegen der gesetzlichen Voraussetzungen einen Anspruch, da die Bebaubarkeit des Grundstücks Ausfluß der Eigentumsgarantie des Art. 14 Abs. I S. 1 GG ist.

220 Wiechert in Grosse-Suchsdorf/Schmaltz/Wiechert, § 47 NBauO, Rd.-Nr. 50.

221 § 47 Abs. V S. 2 i.V.m. § 47 Abs. IV S. 2 NBauO; Art. 56 Abs. III der BayBauO.

222 S. S. 65.

223 Wiechert in Grosse-Suchsdorf/Schmaltz/Wiechert, § 47 NBauO, Rd.-Nr. 45.

platz anzulegen[224]. Damit der Bauherr des Gebäudes diese Verpflichtung erfüllt bzw. erfüllen kann, besteht die Möglichkeit der Anordnung einer Sicherheitsleistung in angemessener Höhe (Art. 8 Abs. II S. 4 BayBauO), die in Form einer Bankbürgschaft erbracht werden kann[225].

V. Vorschußzahlung für Amtshandlungen

Eine weitere Möglichkeit, Sicherheit zu fordern, enthält § 16 VerwKostenG (vgl. auch § 16 NwGebührengesetz und § 7 Abs. II NdsVerwKostenG). Nach dieser Vorschrift kann die Behörde die Vornahme einer Amtshandlung, die auf Antrag vorzunehmen ist, von der Zahlung eines angemessenen Vorschusses oder einer angemessenen Sicherheitsleistung bis zur voraussichtlichen Höhe der Kosten abhängig machen. Als Sicherungsmittel kommt auch hier die Bankbürgschaft in Betracht.

Eine ähnliche Vorschrift zur Vorschußzahlung enthält § 66 Abs. II NdsGefAG zur Ersatzvornahme. Danach können die Verwaltungsbehörden bestimmen, daß der zur Ersatzvornahme Verpflichtete die voraussichtlichen Kosten der Ersatzvornahme im voraus zu zahlen hat. Die Ablösung der Vorschußpflicht durch die Stellung einer Sicherheit sieht das Gesetz jedoch nicht vor. Entsprechend der obigen Ausführungen zur Vorschußpflicht des Auftraggebers nach § 669 BGB bzw. § 17 BRAGO kann die Behörde nicht verpflichtet werden, eine angebotene Sicherheitsleistung — z.B. in Form einer Bankbürgschaft — anstatt der Vorauszahlung anzunehmen. Nach der Gesetzesbegründung soll durch die Vorauszahlung eine Entlastung der öffentlichen Kassen eintreten, die künftig nicht mehr in Vorleistung treten müssen[226]. Der Vorschuß verhindert letztlich die eventuell erforderliche Kreditaufnahme durch die Behörde und vermindert das Risiko der Behörde, in langwierigen Verwaltungsprozessen die Kosten der Ersatzvornahme vom Störer zurückzufordern. Diesem Gesetzeszweck wird eine Sicherheitsleistung in Form der Bankbürgschaft nicht gerecht, da die öffentlichen Haushalte dann auch weiterhin in Vorleistung treten müßten.

VI. Sicherheitsleistung nach den Denkmalschutzgesetzen

Nach § 10 des Nds. Denkmalschutzgesetzes sind bestimmte Handlungen an Denkmälern genehmigungspflichtig[227]. Die zu erteilende Genehmigung kann

---

[224] vgl. dazu § 2 Abs. I Nds. SpielplG.

[225] Simon, Art. 8 BayBauO, Rd.-Nr. 19 i.V.m. Art. 74 BayBauO, Rd.-Nr. 49 g.

[226] zitiert nach: Saipa, § 44 NdsSOG (jetzt § 66 NdsGefAG) , Rd.-Nr. 5.

[227] vgl. dazu auch Art. 6 Abs. I des BayDenkmalschutzG.

nach § 10 Abs. III S. 2 des Nds. Denkmalschutzgesetzes mit Auflagen oder Bedingungen versehen werden, die zu ihrer Absicherung mit einer Pflicht zur Sicherheitsleistung verbunden werden können[228]. Dies kommt z.B. dann in Betracht, wenn der Eigentümer ein Denkmal unter der Auflage beseitigen darf, es später wieder aufzubauen. Hier kann die Wiederherstellungsverpflichtung des Eigentümers zweckmäßig mit einer finanziellen Sicherheitsleistung verbunden werden, um zu gewährleisten, daß der Eigentümer nach der Beseitigung der Anlage bereit und finanziell in der Lage ist, den ursprünglichen Zustand wieder herzustellen[229]. Die Höhe der Sicherheitsleistung hat sich dabei an den voraussichtlichen Kosten der Wiederherstellung der Anlage zu orientieren. Als Art der Sicherheitsleistung bietet sich aus oben genannten Gründen wiederum die Bankbürgschaft an[230].

VII. Sicherheitsleistung nach dem Wasserrecht

In verschiedenen Landeswassergesetzen ist die Anordnung einer Sicherheitsleistung vorgesehen[231]. Auch hier soll die Sicherheitsleistung die Erfüllung von Bedingungen und Auflagen gewährleisten, um Risiken für das Wohl der Allgemeinheit zu vermeiden[232]. In der Literatur[233] wird die Anordnung einer Sicherheitsleistung dann für sinnvoll erachtet, wenn damit später zu erwartende Sanierungskosten für Altlasten abgesichert werden. Die übliche Überwachung der Behörden zur Vermeidung von Umweltgefährdungen und Umweltschäden versagt, wenn es zu sogenannten Altlasten kommt. Hier ist es häufig schwierig, den Verursacher einer Altlast zu ermitteln. Wenn dies gelungen ist, besteht die Gefahr, daß der Verursacher als juristische Person nicht mehr existiert oder aus finanziellen Gründen nicht mehr in der Lage ist, die erheblichen Sanierungskosten zu tragen. Die Sanierungskosten können kleinere Betriebe vor schwer lösbare finanzielle Probleme stellen. Durch die rechtzeitige Festsetzung einer Sicherheitsleistung hat die Genehmigungsbehörde die Möglichkeit, auch später noch Ansprüche auf Kostenersatz, z.B. für notwendige Ersatzvornahmen, durchzuset-

---

[228] Eberl/Martin/Petzet, Art. 6 BayDenkmalschutzG, Rd.-Nr. 89, vgl. dazu die Regelung in § 13 Abs. IV S. 4 RPDenkmalschutzG.

[229] Eberl/Martin/Petzet, Art. 6 BayDenkmalschutzG, Rd.-Nr. 89 unter Hinweis auf ein diesbezügliches Urteil des Verwaltungsgerichts Augsburg, nicht veröffentlicht, vom 20.05.1987 — Au 4 K 86 A.672.

[230] Hönes, B 6.7 verweist für die Regelung in Rheinland-Pfalz auf die §§ 232 ff. BGB und damit auch auf die Vorschrift des § 232 Abs.II BGB zur Bürgschaft.

[231] § 30 Abs. 2 S. 1 Nds. Wassergesetz; § 142 Abs. II NwWassergesetz; Art. 82 Abs. I S. 1 Bayerisches Wassergesetz.

[232] Haupt/Reffken/Rhode, § 30 NWG, Rd.-Nr. 6.

[233] Haupt/Reffken/Rhode, § 30 NWG, Rd.-Nr. 6.

zen. Allein die technische Überwachung einer Firma durch die zuständige Wasserbehörde kann nicht immer verhindern, daß es zu Umweltbelastungen kommt[234]. Hier ist die Anordnung einer Sicherheitsleistung das geeignete Mittel, um zumindest die finanziellen Folgen eines Umweltschadens gering zu halten.

Als Form der Sicherheitsleistung bietet sich wiederum die Bankbürgschaft an. Durch die Bankbürgschaft wird die Behörde und damit letztendlich der Steuerzahler vor unabsehbaren finanziellen Risiken geschützt. Die Behörde kann von Sicherungsabtretungen oder Hinterlegungen — die die Liquidität des Bürgers bzw. in der Regel eines Gewerbebetriebes beeinträchtigen — absehen. Der Sicherungspflichtige hat wiederum nur die geringe Avalprovision aufzubringen. Bei der Anordnung der Sicherheitsleistung muß die Behörde beachten, daß die Laufzeit der Bürgschaft dem Gefährdungspotential der Anlage anzupassen ist und gegebenenfalls im Laufe der Jahre erhöht wird, um die allgemeine Inflation aufzufangen.

VIII. Sicherheitsleistung für Rekultivierungsverpflichtungen

Der Abbau von Bodenschätzen, wie Kies, Sand, Ton, Lehm, Moor und Steinen ist ein wichtiger und besonders für die Bauwirtschaft notwendiger Wirtschaftsfaktor. Zur Erlangung von Baumaterialien ist er unvermeidbar. Jeder Abbau stellt einen Eingriff in den Naturhaushalt dar, der schwerwiegende Folgen haben kann. Bei Abbaumaßnahmen im Tagebau bleibt regelmäßig eine „Mondlandschaft" zurück, die sich nicht selbständig regeneriert. Hier ist eine aufwendige Rekultivierung erforderlich. Zu diesem Zweck sehen die Naturschutzgesetze der Länder[235] Ausgleichs- und Ersatzmaßnahmen vor, mit denen der ursprüngliche Zustand der Landschaft wieder hergestellt werden soll.

Durch die Rekultivierung wird der grundsätzlich unzulässige Eingriff in die Landschaft für einen begrenzten Zeitraum zulässig. Nach Ablauf dieses Zeitraumes muß der ursprüngliche Zustand wieder hergestellt werden. Voraussetzung für eine „Genehmigung auf Zeit" ist deshalb, daß der Verursacher des Eingriffs nach Abschluß des Bodenabbaus bereit und in der Lage ist, die Kosten für die Ausgleichsmaßnahme zu erbringen[236]. Nach Abschluß einer unter Umständen langjährigen Abbautätigkeit ist sein Interesse an einer Rekultivierung gering. Sein wirtschaftliches Interesse ist primär auf die Gewinnung der Naturschätze ausgerichtet und endet mit Ablauf der Abbaumaßnahme. Zum Schutz der Allge-

---

234 Haupt/Reffken/Rhode, § 30 NWG, Rd.-Nr. 6.

235 z.B. § 10 Abs. I NdsNatSchG; § 11 Abs. II S. 2 BwNatSchG; Art. 6 a Abs. I BayNatSchG.

236 Blum in Blum/Agena/Franke, § 13 NdsNatSchG, Rd.-Nr. 15.

meinheit vor derartig wirtschaftlich geprägten Überlegungen sieht deshalb zum Beispiel § 13 Abs. II Nr. 1 Nds. NatSchG die Anordnung einer Sicherheitsleistung vor[237]. Die Anordnung einer Sicherheitsleistung zur Deckung der Kosten der Rekultivierung ist ebenfalls in § 8 Abs. II AbfG vorgesehen.

Die Sicherheitsleistung soll die voraussichtlichen Kosten der Ausgleichs- und Ersatzmaßnahmen decken[238]. Dazu gehören auch die Rekultivierungskosten[239]. Wegen der langen Dauer der Abbaumaßnahme[240] ist auch ein Kostenanstieg — abhängig von der Nutzungsdauer — denkbar. Die Höhe der Sicherheitsleistung liegt im Ermessen der Behörde[241]. Wegen der hohen Rekultivierungskosten[242] darf sie nicht zu gering angesetzt werden. Allerdings schafft die Festsetzung einer Sicherheitsleistung noch keinen Vertrauenstatbestand für den Eingreifenden dahingehend, daß die aufzubringenden Kosten für Ausgleichs- und Ersatzmaßnahmen damit für alle Zeiten festgesetzt sind[243]. Aus dem Charakter der Sicherheitsleistung folgt, daß sie nur annähernd die abzusichernden Kosten beziffern kann, nicht aber die Obergrenze für spätere Maßnahmen bildet. Damit ist auch eine spätere Anpassung oder Erhöhung der Sicherheitsleistung zulässig[244]. Bei der Bemessung der Höhe der Sicherheit hat die Behörde im Interesse der Allgemeinheit einen weiten Entscheidungsspielraum[245]. Dabei hat sie sich am Interesse des Allgemeinwohls zu orientieren. Nach Ansicht des VGH Mannheim[246] ist die Behörde nicht verpflichtet, auch die Interessen des Betroffenen, die hier in niedrigen Avalprovisionen, der Einengung des Kreditspielraumes und damit letztlich in der Rentabilität des geplanten Abbaus liegen, in ihrer Entscheidung zu berücksichtigen.

Diese Ansicht ist nicht überzeugend. Sofern der Betroffene einen Rechtsanspruch auf eine Genehmigung hat, ist es nicht zulässig, auf dem Umweg über eine zu hoch bemessene Sicherheitsleistung den Abbau dennoch zu verhindern. Die Behörde würde damit gegen den Grundsatz der Verhältnismäßigkeit verstoßen. In derartigen Fällen ist der Ermessensspielraum der Verwaltungsbehörde eng zu fassen. Sie hat die Interessen der Allgemeinheit mit den Interessen des Betroffenen abzuwägen. Durch eine mögliche abschnittsweise Genehmigung

237 Blum in Blum/Agena/Franke, § 13 NdsNatSchG, Rd.-Nr. 15.

238 BVerwG, NVwZ 1992, S. 482 f. (482).

239 Louis, § 13 NdsNatSchG, Rd.-Nr. 5.

240 BVerwG, NVwZ 1992, S. 482 f. (482).

241 Blum in Blum/Agena/Franke, § 13 NdsNatSchG, Rd.-Nr. 16; VGH Mannheim, NuR 1984, S. 102 ff. (103).

242 vgl. dazu: BVerwG, NVwZ 1992, S. 482 f. (482).

243 Louis, § 13 NdsNatSchG, Rd.-Nr. 5; BVerwG, NVwZ 1992, S. 482 f. (483).

244 Louis, § 13 NdsNatSchG, Rd.-Nr. 5; BVerwG, NVwZ 1992, S. 482 f. (483).

245 VGH Mannheim, NuR 1984, S. 102 ff. (104).

246 VGH Mannheim, NuR 1984, S. 102 ff. (104).

mit nachfolgendem Abbau und bereits beginnender Rekultivierung läßt sich im übrigen die Höhe der jeweils fälligen Ausgleichsmaßnahme und damit die Höhe der aufzubringenden Sicherheitsleistung gering halten[247].

Als Sicherungsmittel bietet sich hier die Stellung einer Bankbürgschaft[248] an. Dabei hat die Behörde zu beachten, daß die Laufzeit der Bürgschaft der Dauer der Abbaumaßnahme entspricht. Die kreditgewährende Bank muß während des Abbaus prüfen, ob genug liquide Mittel für die spätere Ausgleichsmaßnahme bereitgestellt werden. Regelmäßig sollte sie darauf bestehen, daß die ihr jährlich nach § 18 KWG vorzulegenden Bilanzen des abbauenden Unternehmens entsprechende Rückstellungen für die Rekultivierung enthalten. Dies gilt insbesondere dann, wenn die Rekultivierungsmaßnahme über einen längeren Zeitraum verschoben wird.

IX. Sicherheitsleistung nach dem Straßenrecht

Sowohl das Bundesfernstraßengesetz[249] als auch die Straßengesetze einiger Länder[250] sehen vor, daß in den Fällen, in denen eine Straße wegen der Art des Gemeingebrauches durch einen Dritten aufwendiger hergestellt oder ausgebaut werden muß, als es dem regelmäßigen Verkehrsbedürfnis entspricht, der Dritte dem Träger der Straßenbaulast die Mehrkosten für den Bau und die Unterhaltung zu vergüten und ihm hierfür auf Verlangen angemessene Vorschüsse oder Sicherheiten zu leisten hat.

Der Träger der Straßenbaulast hat nur das regelmäßige Verkehrsbedürfnis zu erfüllen[251]. Wird dagegen die Straße im Rahmen des Gemeingebrauches von einem anderen verstärkt benutzt, ohne daß es sich um Sondernutzungen handelt[252], so hat der Träger der Straßenbaulast — wenn dadurch eine aufwendigere Herstellung oder ein aufwendiger Ausbau erforderlich wird — einen Erstattungsanspruch gegen den Veranlasser[253]. Als Beispiel für eine verstärkte Straßennutzung i.S. dieser Vorschriften wird die Schaffung einer besonderen

---

[247] So im Ergebnis auch: Blum in Blum/Agena/Franke, § 13 NdsNatSchG, Rd.-Nr. 18 a.E.

[248] im Fall des BVerwG, NVwZ 1992, S. 482 f. (483) ist als Sicherheitsleistung ebenfalls eine Bankbürgschaft gestellt worden; vgl. auch Blum in Blum/Agena/Franke, § 13 NdsNatSchG, Rd.-Nr. 17 a.E., der die Bankbürgschaft als praktisch wichtigstesSicherungsmittel nennt.

[249] § 7 a Abs. I S. 1 u. 3 BFernstrG.

[250] z.B. § 16 NdsStrG; § 16 Abs. I S. 1 u. 3 StrWG NRW; § 22 Abs. I S. 1 u. 2 BWStrG; Art. 14 S. 1 u. 3 BayStrWG.

[251] siehe z.B. § 9 Abs.I S. 2 NdsStrG; Wendrich, § 16 NdsStrG, Anm. 1.

[252] Wendrich, § 16 NdsStrG, Anm. 1; Walprecht/Cossen, § 16 StrWG NRW, Rd.-Nr. 143.

[253] Gerhardt, § 20 BWStrG, Rd.-Nr. 1.

Abbiegespur für einen Industriebetrieb oder einen Verbrauchermarkt[254], die Erstellung eines besonders tragfähigen Straßenunterbaues oder einer Straßendecke, weil die Straße als Zufahrtsstraße zu einem Kiesabbaugebiet genutzt wird, oder die Schaffung von größerer Fahrbahnbreite, Einfädelungs- und Verzögerungsspuren und Ampelanlagen aufgrund der besonderen Straßennutzung durch einen Anlieger genannt[255].

Für diese Mehrkosten kann der Straßenbaulastträger entweder einen Vorschuß oder eine Sicherheitsleistung verlangen. Die Gesetze enthalten über die Art der Sicherheitsleistung keine Angaben. Der Zweck der Sicherheitsleistung besteht darin, den Träger der Straßenbaulast vor Zahlungsunfähigkeit oder -verweigerung des Dritten, zu dessen Gunsten der Straßenausbau erfolgt ist, zu schützen. Diesen Zweck kann eine Bankbürgschaft in Höhe der voraussichtlichen Mehrkosten erfüllen. Für den Sicherungspflichtigen bietet sie im Vergleich zu anderen Sicherheiten die oben dargestellten[256] Vorteile. Da die Straßengesetze keine gegenteiligen Aussagen enthalten, kommt die Bankbürgschaft auch hier als zulässiges und geeignetes Sicherungsmittel in Betracht.

Einen weiteren Anwendungsfall der Sicherheitsleistung sehen die Straßengesetze[257] für die Sondernutzung einer Straße vor. Die Benutzung der Straße über den Gemeingebrauch hinaus ist Sondernutzung, die einer behördlichen Erlaubnis bedarf (§ 18 Abs. I NdsStrG). Der Erlaubnisnehmer hat auf Verlangen der zuständigen Behörde dem Träger der Straßenbaulast die durch die Sondernutzung entstehenden Kosten zu ersetzen. Auch insoweit kann der Träger der Straßenbaulast angemessene Vorschüsse und Sicherheiten verlangen[258]. Auch hier kommt als geeignetes Sicherungsmittel die Stellung einer Bankbürgschaft in Betracht. Die vorstehenden Ausführungen gelten sinngemäß.

X. Sicherheitsleistungen nach allgemeinen Vorschriften des Baurechtes

Schließlich sehen einige Bauordnungen der Länder[259] allgemein die Anordnung einer Sicherheitsleistung vor, wenn Baugenehmigungen unter Auflagen

[254] Walprecht/Cossen, § 16 StrWG NRW, Rd.-Nr.144; Kastner in Marschall, § 7 a BFernstrG, Rd.-Nr. 2 .

[255] Sieder/Zeitler/Kreuzer/Zech, Art. 14 Bay-StrWG, Rd.-Nr. 74.

[256] s.S. 65.

[257] z.B. § 8 Abs. II a S. 3 BFernstrG; § 18 Abs. IV S. 4 NdsStrG.

[258] § 8 Abs. II a S. 4 BFernstrG; § 18 Abs. IV S. 4 NdsStrG.

[259] z.B. Art. 74 Abs. IV der Bay.BauO; § 60 Abs. I BWBauO; vgl. für Niedersachsen: Schmaltz in Grosse-Suchsdorf/Schmaltz/Wiechert, § 75 NBauO, Rd.-Nr. 44.

oder Bedingungen erteilt werden. Diese Vorschriften sind die Konsequenz aus § 36 Abs. I VwVfG. Danach darf ein Verwaltungsakt, auf dessen Erteilung ein Anspruch besteht (gebundener Verwaltungsakt), nur dann mit einer Nebenbestimmung versehen werden, wenn dies durch eine Rechtsvorschrift zugelassen und durch die Nebenbestimmung sichergestellt wird, daß die gesetzlichen Voraussetzungen des Verwaltungsaktes erfüllt werden. Der Behörde soll im Interesse des betroffenen Bürgers die Möglichkeit eröffnet werden, schon eine dem Einzelfall gerecht werdende Entscheidung zu treffen[260] und dann eine Genehmigung zu erteilen oder eine Leistung zu bewilligen, wenn noch nicht alle gesetzlichen Voraussetzungen erfüllt oder nachgewiesen sind[261].

Aufgrund der Ausgestaltung der Eigentumsgarantie des Art. 14 Abs. I S. 2 GG nimmt die Baugenehmigung unter den Genehmigungen eine Sonderstellung ein: sie verleiht dem Bauherrn nicht das Recht zu bauen, sondern sie setzt es bereits voraus[262]. Sofern dem Bauvorhaben keine materiell-rechtlichen Hindernisse entgegenstehen[263], hat der Eigentümer eines Grundstückes einen auf die Eigentumsgarantie des Art. 14 Abs. I S. 2 GG zurückgehenden Rechtsanspruch auf die Erteilung der Baugenehmigung[264]. Demgemäß ist im Baurecht die Verbindung einer Baugenehmigung mit einer Nebenbestimmung nur unter der Voraussetzung des § 36 Abs. I VwVfG zulässig. Die Anordnung einer Sicherheitsleistung bietet sich in allen Fällen an, in denen Genehmigungsvoraussetzungen durch den Bauherrn noch zu schaffen sind. Hier hat die Genehmigungsbehörde die Möglichkeit, die Genehmigung vorzeitig zu erteilen und gleichwohl bei Nichteinhaltung der Nebenbestimmung diese durchzusetzen, ohne sofort den Bestand des Hauptverwaltungsaktes in Frage zu stellen. Im Bereich der gebundenen Verwaltung ist es nur unter engen Voraussetzungen möglich den Hauptverwaltungsakt zurückzunehmen, wenn die Nebenbestimmung nicht eingehalten wird. Durch die Festsetzung einer Sicherheitsleitung zur Durchsetzung der Nebenbestimmung kann die Bauaufsichtsbehörde die noch zu erstellenden Voraussetzungen selbst durchführen lassen und die dadurch entstandenen Kosten aus der einbehaltenen Sicherheitsleistung abdecken.

Auch hier bietet sich als Form der Sicherheitsleistung die Bankbürgschaft an[265].

---

260 Stelkens in Stelkens/Bonk/Leonhardt, § 36 VwVfG, Rd.-Nr. 1.

261 Kopp, § 36 VwVfG, Rd.-Nr. 9.

262 Schmaltz in Grosse-Suchsdorf/Schmaltz/Wiechert, § 75 NBauO, Rd.-Nr. 1.

263 diese beruhen i.d.R. auf den jeweils einschlägigen Vorschriften des BauGB i.V.m. den örtlichen Gegebenheiten, wie Geltungsbereich eines Bebauungsplanes oder Lage des Objektes im Außenbereich.

264 Grosse-Suchsdorf/Schmaltz/Wiechert, § 75 NBauO, Rd.-Nr. 1.

265 Simon, § 74 BayBauO, Rd.-Nr. 49 g.

XI. Sicherheitsleistung nach der Makler- und Bauträgerverordnung

1. Regelungsgegenstand der Makler- und Bauträgerverordnung

Aufgrund der Ermächtigung in § 34 c Abs. III der Gewerbeordnung hat der Gesetzgeber die Makler- und Bauträgerverordnung (MaBV)[266] erlassen. Sie gilt für Grundstücks-, Darlehens- und Wohnungsmakler, Anlagenvermittler, Bauträger und Baubetreuer[267]. Ausgenommen von der Verordnung durch § 34 c Abs. V MaBV sind Wohnungsbauunternehmen, zugelassene Kreditinstitute, Kursmakler und Gewerbetreibende, die lediglich zur Finanzierung ihrer Warenverkäufe Kreditverträge vermitteln[268].

Nach § 2 Abs. I MaBV hat der Gewerbetreibende dem Auftraggeber Sicherheit zu leisten, wenn er von ihm Vermögenswerte erhält oder aber zu deren Verwendung ermächtigt wird. Die Sicherheitsleistung muß vor der Entgegennahme des Geldes bzw. der Verwendungsbefugnis erfolgt sein. Durch diese Regelung sollen die Auftraggeber vor den Folgen vermögensschädigender Handlungen ihrer Vertragspartner geschützt werden[269]. Wenn der Gewerbetreibende im Verlauf des Auftrages Vermögenswerte unterschlägt oder unsachgemäß darüber verfügt, kann sich der Geschädigte durch die Verwertung der Sicherheit schadlos stellen. Er ist nicht auf unsichere, konkursgefährdete[270] Forderungen gegen seinen Geschäftspartner beschränkt.

2. Zweck des „Maklergesetzes"

§ 34 c GewO ist durch Gesetz vom 16.08.1972 (sogenanntes Maklergesetz) in die Gewerbeordnung aufgenommen worden. Mit der Vorschrift sollten Mißstände im Bereich der Tätigkeit von Maklern und Baubetreuern ausgeräumt werden. Anlaß und Ziel der Einführung strengerer Vorschriften waren die im Zusammenhang mit Grundstücks- und Wohnungsvermittlern häufig vorkommenden Unregelmäßigkeiten, durch die insbesondere sozial schwache Bevölkerungsschichten geschädigt worden sind[271]. Durch das Gesetz wurde eine Er-

---

[266] MaBV in der Fassung der Bekanntmachung vom 11.06.1975, BGBl I, S. 1351.

[267] Marcks, § 1, Rd.-Nr. 1.

[268] Typischerweise geschieht dies in der Automobilbranche, bei Kaufhäusern und im Versandhandel.

[269] Marcks, § 2 MaBV, Rd.-Nr. 1; derselbe, DNotZ 1974, S. 524 ff. (525); derselbe, GewArch 1974, S. 363 ff. (363); Grziwotz, NJW 1994, S. 2745 ff. (2746).

[270] Im Schutz des Auftraggebers vor dem Insolvenzrisiko des Bauträgers sieht Grziwotz, NJW 1994, S. 2745 ff. (2746) den Hauptzweck der Vorschrift.

[271] Amtliche Begründung des Berichterstatters (Abg. Dr. Frerichs) des Bundestagsausschusses für Wirtschaft, BT-Drucksache VI, S. 3535.

laubnispflicht zur Gewerbeausübung der oben genannten Berufe eingeführt. Im Gesetzgebungsverfahren ist der Antrag gescheitert, einen Fachkundenachweis einzuführen. Vielmehr wurde es dem Gewerbe selbst überlassen, eigenverantwortlich dafür zu sorgen, daß die Berufsangehörigen, die für die Gewerbeausübung erforderlichen Voraussetzungen haben und sich darüber hinaus ständig fachlich weiterbilden.

3.Voraussetzung der Pflicht zur Sicherheitsleistung

a) Sicherheitsleistung nach § 2 Abs. I S. 1 MaBV

Nach § 2 Abs. I S. 1, erster Halbsatz, MaBV hat der Gewerbetreibende, bevor er zur Ausführung des Auftrags Vermögenswerte des Auftraggebers erhält oder zu deren Verwendung ermächtigt wird, die Vermögenswerte entsprechend der ihm überlassenen Höhe abzusichern. Um einen vollständigen Schutz zu gewährleisten, verlangt der Gesetzgeber eine vorhergehende Absicherung, d.h., der Gewerbetreibende darf die Vermögenswerte erst dann annehmen, wenn er deren Absicherung sichergestellt hat. Der Bürgschafts- bzw. Versicherungsvertrag muß deshalb zu diesem Zeitpunkt bereits abgeschlossen und wirksam[272] sein[273].

b) Sicherheitsleistung nach § 7 MaBV

§ 7 MaBV ist erst nachträglich durch Änderungsverordnung vom 13.05.1975 in die MaBV eingefügt worden. Nach § 7 Abs. II MaBV entfällt die Verpflichtung zur Sicherheitsleistung, sofern der Auftraggeber eine juristische Person des öffentlichen Rechtes oder ein öffentlich-rechtliches Sondervermögen ist oder der Auftraggeber ein in das Handelsregister oder das Genossenschaftsregister eingetragener Kaufmann ist und der Auftraggeber in einer gesonderten Urkunde[274] auf die Sicherheitsleistung verzichtet. Dieser Kundenkreis ist nach der Vorstellung des Verordnungsgebers in der Lage, das Risiko selbst beurteilen zu können und geeignete Maßnahmen zu seinem Schutz aufrecht zu erhalten[275].

---

[272] Bei Absicherung durch Versicherung ist die Policierung erforderlich, vgl. § 1 Abs. I der Allgemeinen Bedingungen der Vertrauensschadensversicherung.

[273] Marcks, § 2 MaBV, Rd.-Nr. 2.

[274] das Institut der Unterschrift auf einer gesonderten Urkunde ist sonst nur im Verbraucherrecht, z.B. bei Widerrufsbelehrungen nach dem Haustürwiderrufsgesetz oder Verbraucherkreditgesetz üblich. Es handelt sich um einen gestaffelten Schutz, dem Verzichtenden soll durch die gesonderte Unterschrift das Risiko seines Verzichtes vor Augen geführt werden (vgl. dazu auch Marcks, § 7 MaBV, Rd.-Nr. 6).

[275] Marcks, § 7 MaBV, Rd.-Nr. 6.

Bei der Sicherheitsleistung nach § 7 MaBV ist der Abschluß einer Vertrauensschadensversicherung nicht ausreichend (§ 7 Abs. I S. 2 MaBV i.V.m. § 2 Abs. II MaBV).

4. Art der Sicherheitsleistung

Als Sicherungsmittel sind gemäß § 2 Abs. I u. II MaBV nur die Stellung einer Bürgschaft oder der Abschluß einer Versicherung zulässig. Das Gesetz folgt bei der Festlegung der Sicherungsmittel nicht dem in anderen Gesetzen[276] üblichen Weg einer Verweisung auf §§ 232 ff. BGB, sondern führt enumerativ die zulässigen Sicherungsmittel auf.

a) Bankbürgschaft

Um den Auftraggeber vor der Stellung untauglicher Bürgen zu schützen, schränkt die Verordnung gemäß § 2 Abs. II S. 2 MaBV in üblicher Weise[277] den Kreis der Bürgen auf inländische Körperschaften des öffentlichen Rechts, inländische Kreditinstitute sowie inländische Versicherungsunternehmen, die eine Erlaubnis zum Betrieb der Bürgschaftsversicherung nach dem Versicherungsaufsichtsgesetz besitzen, ein. Für den vom Verordnungsgeber vorgesehenen Hauptfall der Bürgschaft, die Stellung einer Bankbürgschaft, haben die Spitzenverbände der Kreditwirtschaft einen Mustervertrag vorbereitet[278]. Durch diesen Mustervertrag soll der Begünstigte davor geschützt werden, daß Kreditinstitute für wirtschaftlich starke Gewerbetreibende in deren Interesse einschränkende Bürgschaften übernehmen, durch deren Inhalt der Schutz des Berechtigten unzulässig beeinträchtigt wird[279]. Die Verwendung eines neutralen Mustervertrages dient einem verbesserten Schutz der Auftraggeber[280].

Die Ausgrenzung ausländischer Bürgen durch das Gesetz folgt dem Beispiel anderer Gesetze, die ebenfalls zum Zeitpunkt des Erlasses der MaBV Bürgschaften ausländischer Kreditinstitute als unzulässig ansahen[281]. Wie an anderer Stelle bereits dargelegt[282], muß diese Ausgrenzung EU-konform dahingehend ausgelegt werden, daß auch ausländische Banken mit Sitz in einem EU-Mit-

---

[276] § 17 Nr. 1 Abs. I VOB/B; § 108 Abs. II ZPO; § 60 Abs. II BWBauO.

[277] vgl. die Regelung in § 239 Abs. I BGB; § 94 Abs. I S. 2 Nr. 2 Arzneimittelgesetz; § 9 Abs. II Nr. 3 Umwelthaftungsgesetz oder § 244 Abs. I S. 1 Nr. 1 AO.

[278] Marcks, GewArch 1974, S. 363 ff. (366).

[279] Marcks, DNotZ 1974, S. 524 ff. (533).

[280] Marcks, DNotZ 1974, S. 524 ff. (533).

[281] Marcks, DNotZ 1974, S. 524 ff. (533); z.B. § 239 Abs. I BGB.

[282] s.S. 52.

gliedsstaat zulässig sind, insbesondere wenn der Erfüllungsort der Bürgschaft in das Inland verlagert wird. Der Standardkommentar zur MaBV von Marcks geht allerdings auch in der 9. Auflage von 1988 noch davon aus, daß Bürgschaften ausländischer Kreditinstitute unzulässig seien[283]. Insofern kann aber für die MaBV nichts anderes gelten, als für die Bürgschaft nach § 239 Abs. I BGB bzw. § 17 VOB/B, da die Interessenlage — Schutz des Bürgschaftsgläubigers — identisch ist. Damit sind auch Kreditinstitute, die innerhalb der EU zum Geschäftsbetrieb berechtigt sind, als taugliche Bürgen im Sinne der MaBV anzusehen. Die MaBV ist bis zu einer entsprechenden Änderung — ebenso wie § 239 Abs. I BGB[284] EU-konform auszulegen.

Die Verordnung ordnet gemäß § 2 Abs. II S. 3 MaBV die Stellung einer selbstschuldnerischen Bürgschaft, d.h., den Verzicht auf die Einrede der Vorausklage nach § 771 BGB an. Die MaBV folgt hier dem Beispiel anderer Gesetze, wie z.B. der Regelung nach § 239 Abs. II BGB.

Problematisch ist dagegen die von der Verordnung (§ 2 Abs. V MaBV) vorgesehene zeitliche Beschränkung der Laufzeit der zu stellenden Bürgschaft[285]. Gemäß § 2 Abs. V MaBV sind die Sicherheiten bzw. Versicherungen aufrecht zu erhalten, bis der Gewerbetreibende die Vermögenswerte an den in dem Auftrag bestimmten Empfänger übermittelt hat, bzw. bis zur Einräumung des Besitzes und Begründung des Nutzungsverhältnisses bzw. bis zur Rechnungslegung, je nach dem, nach welcher Vorschrift Sicherheit zu leisten ist. Die minimal notwendige Laufzeit der Sicherheit liegt außer im Fall des § 2 Abs. V Nr. 1 MaBV außerhalb der Kenntnissphäre des Kreditinstitutes, so daß eine zeitliche Befristung der Bürgschaft nicht möglich ist. In dem von der Kreditwirtschaft erarbeiteten Mustertext ist eine zeitliche Befristung oder eine auflösende Bedingung nicht vorgesehen. Es heißt dort nur, die Verpflichtung aus der Bürgschaft ende mit Rückgabe der Urkunde.

Eine zeitliche Befristung der Bürgschaft ist nicht zweckmäßig. Sinnvoll ist es vielmehr, die in § 2 Abs. V MaBV genannten Tatbestände als auflösende Bedingung i.S.v. § 158 Abs. II BGB in den Bürgschaftstext einzuarbeiten. Da die Bürgschaft nicht bedingungsfeindlich ist[286], bestehen hiergegen keine rechtlichen Bedenken. Kreditinstitut und Gewerbetreibender erhalten so eine größere Sicherheit, falls die Bürgschaftsurkunde vom Auftraggeber nicht vertragsgemäß zurückgegeben, sondern einbehalten wird. Da eine Bank die Ausbuchung der Bürgschaft erst nach Rückgabe der Bürgschaftsurkunde vornehmen darf, kann

[283] Marcks, § 2 MaBV, Anm. 9.

[284] s.S. 52.

[285] vgl. dazu Marcks, DNotZ 1974, S. 524 ff. (533), der darauf hinweist, es müsse verhindert werden, daß die Bürgschaft vor der Beendigung des Auftrages ablaufe und damit der Schutzzweck verhindert werde.

[286] Pecher in Münchener Kommentar, § 765 BGB, Rd.-Nr. 21.

durch die Aufnahme dieser Bedingung die Bürgschaft zu einem möglichst frühen Zeitpunkt erledigt werden. Für die Beteiligten wird die Rechtssicherheit erhöht. Da die Bürgschaft auf erstes Anfordern ausgestaltet ist, kann der Auftraggeber ohne Hereinnahme der auflösenden Bedingung die Bank auch dann noch aus der Bürgschaft in Anspruch nehmen, wenn der zugrundeliegende Tatbestand längst erledigt ist. Durch die Aufnahme der auflösenden Bedingung wird dieses Problem vermieden.

Eine derartige Klausel hat für den Gewerbetreibenden zudem den Vorteil, daß er durch frühzeitige Ausbuchung der Bürgschaft Avalprovisionen spart. Er erweitert seinen Kreditrahmen bzw. erhöht seinen Kreditspielraum und gewinnt damit letztlich zusätzliche Liquidität.

Die rechtzeitige Ausbuchung der Bürgschaft hat für das Kreditinstitut den Vorteil, daß die Übersicht über das Kreditrisiko verbessert wird, da für weggefallenes Risiko keine Vorsorge gehalten werden muß. Außerdem erhöht die Bank ihren eigenen Spielraum bezüglich des Eigenkapitalgrundsatzes I [287].

Aus dem Vorgenannten ergibt sich, daß die einschlägigen Tatbestände des § 2 Abs. V MaBV als auflösende Bedingungen in die Bürgschaftsurkunde aufgenommen werden können.

b) Vertrauensschadensversicherung

§ 2 Abs. III MaBV sieht vor, daß die Sicherheitsleistung auch durch den Abschluß einer speziellen Vertrauensschadensversicherung erbracht werden kann, da Vorsatztaten von der Haftpflichtversicherung ausgeschlossen sind (§ 152 VVG). Eine vielfach vorhandene allgemeine Berufshaftpflicht- oder Vermögensschadensversicherung ist dabei nicht ausreichend[288]. Erforderlich ist vielmehr der Abschluß der speziellen Vertrauensschadensversicherung (Personenkautionsversicherung) für Gewerbetreibende. Die Absicherung durch eine Versicherung hat in der Praxis keine Bedeutung gewonnen, so daß diese Versicherung auch nur von drei Versicherungsgesellschaften angeboten wird[289]. Den Versicherungsverträgen liegen vom Bundesaufsichtsamt für das Versicherungswesen genehmigte Allgemeine Bedingungen der Vertrauensschadensversicherung (Personenkautionsversicherung) für Gewerbetreibende zugrunde[290]. In § 4 der Allgemeinen Bedingungen sind die Voraussetzungen der Entschädigungsleistung festgelegt. Die Entschädigungsleistung setzt voraus, daß der Versiche-

[287] s. S. 14

[288] Marcks, § 2 MaBV, Rd.-Nr. 10

[289] Marcks, § 2 MaBV, Rd.-Nr. 10, es handelt sich dabei um die Hermes Kreditversicherungs-AG, die Colonia Versicherungs-AG und die R+V Allgemeine Versicherungs-AG

[290] Marcks, DNotZ 1974, S. 524 ff. (534)

rungsnehmer für den entstandenen Schaden haftet, die Vertrauensperson wegen ihres Handelns rechtskräftig verurteilt worden ist und der Versicherungsnehmer zahlungsunfähig ist. In bestimmten Einzelfällen kann von der erforderlichen vorhergehenden strafrechtlichen Verurteilung abgesehen werden, z.B. wenn die Vertrauensperson verstorben ist, sich sonstwie dem Verfahren entzogen hat oder das Ermittlungs- oder Strafverfahren wegen Geringfügigkeit eingestellt wurde.

c) Vor- und Nachteile der beiden Sicherungsformen

Die Stellung einer Bankbürgschaft ist eine Form der Eigendeckung, d.h., der Sicherungspflichtige stellt die Sicherung aus eigenen Mitteln. Er setzt entweder seinen eigenen guten Namen oder aber eine sonstige Sicherheit ein. Die Bankbürgschaft erfordert keine Policierung; es ist nur die Ausstellung einer Bürgschaftsurkunde erforderlich. Dies kann sehr schnell und unbürokratisch erfolgen, wenn die entsprechende Kreditprüfung abgelaufen ist. Die Bank übernimmt die Bürgschaft selbstschuldnerisch auf erstes Anfordern, d.h., die Bürgschaftssumme wird ausgezahlt, sobald der Auftraggeber (Sicherungsberechtigter) die Zahlung fordert[291].

Der Versicherungsschutz bei der Versicherung beginnt nach § 8 Abs. I der Allgemeinen Bedingungen zu dem im Versicherungsschein festgesetzten Zeitpunkt. Der Versicherungsschein wird nach Zahlung der Prämie ausgehändigt[292]. Aus dieser Regelung entsteht für die Vertragsparteien eine Zeitverzögerung. Da die Absicherung bestehen muß, bevor der Gewerbetreibende die Vermögenswerte vom Auftraggeber erhält, muß die Versicherung frühzeitig abgeschlossen werden. Erforderlich ist dazu zunächst die Anmeldung bei der Versicherung, dann die Zahlung der Prämie, die Erstellung des Versicherungsscheines und schließlich die Vorlage des Versicherungsscheines beim Auftraggeber. Erst dann darf der Gewerbetreibende die finanziellen Mittel annehmen. Wird die Sicherung dagegen durch eine Bankbürgschaft erbracht, so ist nur die Anmeldung bei dem Kreditinstitut und die Erstellung der Bürgschaftsurkunde erforderlich. Dies kann sehr schnell geschehen, so daß die Stellung der Bürgschaft schneller als der Abschluß der Versicherung erfolgt.

Auch für den Auftraggeber ist die Stellung einer Bürgschaft vorteilhafter als der Abschluß der Versicherung. Im Eintritt des Sicherungsfalles ist die Bankbürgschaft für den Auftraggeber leichter und schneller zu liquidieren. Er muß lediglich gegenüber dem Kreditinstitut anzeigen, daß er die Mittel aus der Bank-

---

291 vgl. dazu den Mustervertrag der Bürgschaft, abgedruckt bei Marcks, Kommentar zur MaBV, Anlage 5, VwV § 34 c Gewerbeordnung.

292 Abschnitt IV der Rahmenvertragsbedingungen zur Vertrauensschadensversicherung für Gewerbetreibende der Colonia Versicherungs-AG, die im folgenden zitiert werden.

bürgschaft in Anspruch nehmen möchte. Darauf hin wird die Bank die Sicherungssumme auszahlen. Für die Zahlung der Versicherungsentschädigung ist dagegen erforderlich, daß der Gewerbetreibende strafrechtlich verurteilt worden ist. Dies kann erfahrungsgemäß einen längeren Zeitraum in Anspruch nehmen. Außerdem muß der Auftraggeber darauf achten, daß das strafrechtliche Verfahren korrekt abläuft. Die Entschädigung aus der Versicherung ist deshalb im Vergleich zur Bürgschaft nur unter erschwerten Umständen zu erlangen[293]. Die Regelung in den Allgemeinen Bedingungen für Vertrauensschadensversicherungen, nach der die Entschädigungsleistung nur erbracht wird, wenn der Gewerbetreibende oder die Vertrauensperson strafrechtlich verurteilt worden ist, hat die Wirkung der Vorausklage. Im Gegensatz zu dem eine Bürgschaft stellenden Kreditinstitut verzichtet die Versicherung nicht auf die Vorausklage.

Aus Vorstehendem ergibt sich, daß die Stellung einer Bankbürgschaft als Sicherungsmittel nach der Makler- und Bauträgerverordnung sowohl für den Gewerbetreibenden als auch für den Auftraggeber günstiger als der Abschluß einer Vertrauensschadensversicherung ist.

XII. Sicherheitsleistung durch Bankbürgschaft im Steuerrecht

1. Regelung der Sicherheitsleistung in der Abgabenordnung

Auch im Bereich des Steuer- und Zollrechtes findet die Sicherheitsleistung durch Stellung einer Bankbürgschaft Verwendung[294]. In der Praxis erfolgt die Anordnung einer Sicherheitsleistung nur bei größeren Beträgen. In zahlreichen Vorschriften der Abgabenordnung (§§ 109 Abs. II; 165 Abs. I; 221 ; 222; 223; 361 AO), der Verbrauchssteuergesetze (z.B. § 9 Abs. II und III Mineralölsteuergesetz, § 80 Abs. IV Branntweinmonopolgesetz), sowie des nationalen und internationalen Zollrechtes wird die Stellung einer Sicherheit[295] angeordnet oder zugelassen. Die Hauptbedeutung liegt dabei auf dem Gebiet der Zölle[296]. Die Art der Sicherheitsleistung und das Verfahren zur Stellung der Sicherheitsleistung ist in den §§ 241 ff. AO geregelt. Im gerichtlichen Aussetzungsverfahren sind die §§ 241 ff. AO nicht anwendbar; hier richtet sich die Regelung nach den Vorschriften der ZPO (§ 155 FGO i.V.m. § 108 ff. ZPO). Nach § 241 Abs. I Nr. 7 AO kann die Sicherheitsleistung durch Bürgschaft eines tauglichen Steuerbürgen erbracht werden. Was unter einem tauglichen Steuerbürgen zu verstehen

---

293 Marcks, DNotZ 1974, S. 524 ff. (534).

294 Tipke, S. 548 .

295 vgl. die Aufstellung bei Friedrich, StuW 1979, S. 259 ff. (259 f.).

296 Höllig in Koch, vor §§ 241 bis 248 AO, Rd.-Nr. 2.

ist, regelt § 244 AO. Dabei unterscheidet die Vorschrift zwischen dem Einzelbürgen und dem allgemein als Steuerbürgen zugelassenen Bürgen.

2. *Einzelfragen*

a) Tauglichkeit als Einzelbürge

Ein Einzelbürge ist nach § 244 Abs. I, S. 1, Nr. 1 AO tauglich, wenn er ein der Höhe der zu leistenden Sicherheit angemessenes Vermögen besitzt und seinen allgemeinen Gerichtsstand im Inland hat. Das Gesetz übernimmt hier die Regelung des § 239 Abs. I BGB[297]. Die Vorschriften der §§ 232 ff. BGB waren erkennbar Vorbild der Regelung nach der AO, allerdings dürfen wegen der teilweise unterschiedlichen Regelung die Vorschriften des BGB nicht generell analog herangezogen werden. Die Entscheidung über die Angemessenheit des Vermögens des Bürgen fällt die Finanzbehörde nach ihrem Ermessen[298]. Allerdings hat der die Zulassung beantragende Steuerbürge einen Anspruch auf fehlerfreie Ermessensausübung[299].

b) Zulassung als allgemeiner Steuerbürge

aa) Die Regelung des § 244 Abs. II S. 1 AO

Eine Besonderheit der steuerrechtlichen Sicherheitsleistung ist die Regelung des § 244 Abs. II S. 1 AO. Danach können unter anderem Kreditinstitute, die im Geltungsbereich des Gesetzes zum Geschäftsbetrieb zugelassen sind, allgemein von der Finanzbehörde als Steuerbürge zugelassen werden. Im Interesse größerer Effizienz des Verfahrens wird die Bonität des angebotenen Bürgen, wenn er als Steuerbürge generell zugelassen wird, unterstellt[300]. Die Zulassung ist gegenüber dem Kreditinstitut ein Verwaltungsakt[301]. Die Finanzbehörde legt bei der Zulassung eine Bürgschaftssumme als Obergrenze fest, wobei die Summe der von dem Kreditinstitut gegenüber der Finanzbehörde übernommenen Einzelverpflichtungen diese Grenze nicht übersteigen darf.

---

[297] Tipke/Kruse, vor §§ 241 bis 248 AO, Rd.-Nr. 1.

[298] Frotscher in Schwarz, § 244 AO, Rd.-Nr. 1; Tipke/Kruse, § 244 AO, Rd.-Nr. 12.

[299] Tipke/Kruse, § 244 AO, Rd.-Nr. 12.

[300] Wallis in Hübschmann/Hepp/Spittaler, § 244 AO, Rd.-Nr. 10; Friedrich, StuW 1979, S. 259 ff. (260).

[301] Wallis in Hübschmann/Hepp/Spittaler, § 244 AO, Rd.-Nr. 10; Klein/Orlopp, § 244 AO, Anm. 4.

Bei der Festlegung dieses Volumens berücksichtigt die Behörde die finanzielle Leistungskraft des Kreditinstitutes. Öffentlich-rechtliche Kreditinstitute sind ohne Zulassung berechtigt, als Steuerbürge gestellt zu werden[302].

Bei der Zulassung als allgemeiner Steuerbürge handelt es sich um ein von der Bürgschaftsübernahme losgelöstes Verfahren. Das Kreditinstitut ist notwendiger Beteiligter des Verfahrens und hat die Möglichkeit, die erforderlichen Tatsachen im Zulassungsverfahren vorzutragen. Dadurch kann es auf den Ausgang des Verfahrens Einfluß nehmen. Wegen der besonderen Bedeutung der Zulassung als allgemeiner Steuerbürge wird im folgenden auf das Zulassungsverfahren und seine Bedeutung näher eingegangen.

bb) Wirkung der Zulassung als allgemeiner Steuerbürge Kontrahierungszwang

Es bedarf einer näheren Betrachtung, welche rechtliche Wirkung die Zulassung als genereller Steuerbürge hat. Wallis[303] meint unter Berufung auf Friedrich[304], die allgemeine Zulassung bewirke noch keinen Kontrahierungszwang der Finanzbehörde zum Abschluß der Bürgschaft im Einzelfall. Zwar könne der zugelassene Bürge regelmäßig damit rechnen, daß die von ihm offerierte Bürgschaft akzeptiert werde, ein Kontrahierungszwang der Behörde werde durch die Zulassung aber nicht begründet[305]. Die Zulassung habe lediglich die Wirkung, daß die Bonität des Bürgen grundsätzlich nicht mehr erneut zu prüfen sei, es sei denn, daß neue Umstände, die die Tauglichkeit des Bürgen betreffen, bekannt geworden sein[306]. In einem solchen Fall sei der vorherige Widerruf der Zulassung der Finanzbehörde nicht zumutbar, da dieses Verfahren zu schwerfällig und zeitaufwendig sei[307].

Diese Ansicht ist abzulehnen. Die Zulassung als Steuerbürge ist für Kreditinstitute ein wichtiger Vorgang. Aus ihr lassen sich Anhaltspunkte für die Bonität des Kreditinstitutes herleiten. Zum einen kann die Ablehnung der Zulassung als allgemeiner Steuerbürge bei den Gläubigern des Kreditinstitutes Zweifel bezüglich dessen Bonität hervorrufen. Zum anderen eröffnet die Zulassung als Steuerbürge einen weiteren Geschäftszweig, auf dem sich das Kreditinstitut wirtschaftlich betätigen kann. Durch die Ablehnung einer offerierten Bürgschaft

---

302 Höllig in Koch, § 244 AO, Rd.-Nr. 7 unter Hinweis auf die Dienstanweisung des Bundesminister der Finanzen, Abs. 39 zu § 244 AO; andere Ansicht: Tipke/Kruse, § 244 AO, Rd.-Nr. 11 mit der Begründung, das Gesetz mache keinen Unterschied zwischen öffentlichrechtlichen und privatrechtlichen Kreditinstituten.

303 Wallis in Hübschmann/Hepp/Spittaler, § 244 AO, Rd.-Nr. 13.

304 Friedrich, StuW 1979, S. 259 ff. (265).

305 Wallis in Hübschmann/Hepp/Spittaler, § 244 AO, Rd.-Nr. 13.

306 Friedrich, StuW 1979, S. 259 ff. (265).

307 Friedrich, StuW 1979, S. 259 ff. (265).

trotz Zulassung würde das Kreditinstitut in seinem wirtschaftlichen Interesse beeinträchtigt, weil ihm die Möglichkeit eines Kreditgeschäftes genommen würde. In diesem Fall hätte die Nichtakzeptierung der offerierten Bürgschaft die gleiche Wirkung für das Kreditinstitut, als wenn es nicht als Steuerbürge zugelassen worden wäre.

Die Nichtzulassung als allgemeiner Steuerbürge berührt eigene Rechte des Kreditinstitutes, so daß es i.S.v. § 350 AO beschwert ist.

Dies zeigt sich schon daran, daß die Zulassung ein (begünstigender) Verwaltungsakt ist. Wird dieser abgelehnt, so steht dem Bürgen ein eigenes Beschwerderecht (§ 349 AO) zu[308]. Ein Kreditinstitut, das die Voraussetzungen des § 244 Abs. I AO erfüllt, hat einen Anspruch auf Zulassung als Steuerbürge[309]. Ein Widerruf dieser Zulassung ist nur nach den Regeln der §§ 130 f. AO zulässig, die den Widerruf eines rechtmäßigen bzw. rechtswidrigen Verwaltungsaktes betreffen. Nach § 131 Abs. II AO darf ein rechtmäßiger begünstigender Verwaltungsakt nur widerrufen werden, wenn einer der in § 131 Abs. II AO genannten Gründe vorliegt. Für den Widerruf der Zulassung als Steuerbürge hat der § 131 Abs. II Nr. 3 AO besondere Bedeutung. Nach dieser Vorschrift darf die Finanzbehörde den Verwaltungsakt widerrufen, wenn sie aufgrund nachträglich eingetretener Tatsachen berechtigt wäre, den Verwaltungsakt nicht zu erlassen. Dies ist z.B. dann der Fall, wenn Umstände eintreten, die die Tauglichkeit des Bürgen in Zweifel ziehen. In einem solchen Fall ist die Verwaltungsbehörde berechtigt, den Verwaltungsakt zu widerrufen. Dem betroffenen Kreditinstitut steht hiergegen der Rechtsmittelweg offen.

Ein weiteres Problem ist die Frage, ob die Finanzbehörde berechtigt ist, eine offerierte Bürgschaft im Einzelfall abzulehnen, auch wenn das zugelassene Bürgschaftsvolumen noch nicht ausgeschöpft ist.

Lehnt man einen Kontrahierungszwang der Finanzbehörde ab, so führt dies zu einer Umgehung des eben genannten Verfahrens. Die Regelungen über den Widerruf der Zulassung werden nicht eingehalten. Die Ablehnung der offerierten Bürgschaft trotz Nichtausnutzung des zugelassenen Bürgschaftvolumens hat für das Kreditinstitut die tatsächliche Auswirkung des Widerrufs der Zulassung, obwohl diese nicht widerrufen worden ist. Die eigenen Rechte des Kreditinstitutes werden durch die Ablehnung unzulässig und erheblich beeinträchtigt. Im Verhältnis zu dem Kunden, von dem der Auftrag zur Bürgschaft gestellt worden ist, kommt es zu einem erheblichen Vertrauensverlust. Zudem kann das Kreditinstitut das ihr angetragene Kreditgeschäft nicht durchführen. Im Verhältnis zu anderen Kunden wird der Ruf des Kreditinstitutes einen erheblichen Schaden erleiden.

---

308 BFH, HFR 1966, S. 84 f. (85); Höllig in Koch, § 244 AO, Rd.-Nr. 10; Kühn, § 244 AO, Anm. 2.

309 Frotscher in Schwarz, § 244 AO, Rd.-Nr. 2.

Wegen der erheblichen Beschwer des Kreditinstitutes ist deshalb bei Zweifeln über die Bonität des als allgemeinen Steuerbürgen zugelassenen Kreditinstitutes ein vorheriger Widerruf der Zulassung durch die Finanzbehörde erforderlich, der nach den Regeln der §§ 130 oder 131 AO zu erfolgen hat und gerichtlich überprüfbar ist. Die Gegenansicht führt durch das von ihr vorgeschlagene Verfahren zu einer Verletzung der Rechtsweggarantie des Art. 19 Abs. IV S. 1 GG. Art. 19 Abs. IV GG gebietet ausgewogenen Rechtschutz gegen staatliche Entscheidungen[310]. Gewährt wird dieser Rechtschutz durch die umfassende gerichtliche Kontrolle der Verwaltung[311]. Exekutivakte, die von jeder gerichtlichen Überprüfung ausgeschlossen sind, gibt es nicht[312]. Angesichts der aufgezeigten Bedenken ist die Gegenansicht abzulehnen.

c) Schriftform der Bürgschaft

Nach allgemeiner Auffassung handelt es sich bei der Steuerbürgschaft um eine Bürgschaft i.S.v. § 765 ff. BGB[313]. Damit bestimmt sich der Inhalt und die Form der Bürgschaft nach zivilrechtlichen Regeln. Grundsätzlich bedarf im bürgerlichen Recht eine Bürgschaftsübernahme nach § 766 S. 1 BGB der Schriftform. Stellt die Übernahme der Bürgschaft für den Bürgen ein Handelsgeschäft dar, so reicht auch die mündliche Übernahme der Bürgschaft aus (§ 350 HGB). Da die Übernahme von Bürgschaften für Kreditinstitute zu deren Geschäftsbetrieb gehört (vgl. § 1 S. 2 Nr. 8 KWG) und Kreditinstitute nach § 1 Abs. II Nr. 4 HGB Vollkaufleute sind, ist nach den Vorschriften des Zivilrechtes die Schriftform für die Wirksamkeit der Bürgschaft eines Kreditinstitutes nicht erforderlich.

Es ist noch zu überprüfen, ob dies auch für die Steuerbürgschaft gelten kann.

Ein Teil der Literatur[314] verlangt stets die Schriftform der Bürgschaft, auch wenn die Übernahme der Bürgschaft für den Bürgen ein Handelsgeschäft ist. Eine Begründung für diese Ansicht wird jedoch nicht angegeben.

Tipke/Kruse[315] verneinen dagegen die Erforderlichkeit der Schriftform, wenn die Bürgschaft für den Bürgen ein Handelsgeschäft ist.

---

310 Schmidt-Aßmann in Maunz/Dürig/Herzog/Scholz, Rd.-Nr. 4.

311 BVerfGE 8, S. 274 ff. (326); BVerfGE 51, S. 176 ff. (185); BVerfGE 54, S. 39 ff. (41).

312 Schmidt-Aßmann in Maunz/Dürig/Herzog/Scholz, Anm. 77.

313 Wallis in Hübschmann/Hepp/Spittaler, § 244 AO, Rd.-Nr. 2; Klein/Orlopp, § 241 AO, Anm. 8; Höllig in Koch, § 244 AO, Rd.-Nr. 3; Tipke/Kruse, § 244 AO, Rd.-Nr. 3; Friedrich, StuW 1979, S. 259 ff. (260).

314 Wallis in Hübschmann/Hepp/Spittaler, § 244 AO, Rd.-Nr. 3; Höllig in Koch, § 244 AO, Rd.-Nr. 3; anscheinend auch Klein/Orlopp,§ 241 AO, Anm. 8, die nicht danach differenzieren, ob seitens des Bürgen ein Handelsgeschäft vorliegt.

315 Tipke/Kruse, § 244 AO, Rd.-Nr. 6.

Der zuletzt genannten Ansicht ist zu folgen. Das BGB geht grundsätzlich von einer Formfreiheit des Rechtsgeschäfts aus[316]. Sofern für ein Rechtsgeschäft eine bestimmte Form erforderlich ist, wird dies entweder durch das Gesetz oder eine Parteivereinbarung geregelt. Eine gesetzliche Regelung für die Form der Steuerbürgschaft besteht nicht. Damit bestimmt sich die Form nach den allgemeinen Regeln. Die Steuerbürgschaft ist eine Bürgschaft im Sinne von §§ 765 ff. BGB. Damit ist nach handelsrechtlichen Regeln die mündliche Bürgschaft einer Bank gültig (§ 350 HGB). Den Stimmen, die die Schriftform der Bürgschaft verlangen, ist zuzugeben, daß durch eine schriftliche Bürgschaft Schwierigkeiten bei der Durchsetzung des Bürgschaftsanspruches vermieden werden können. Die Schriftform der Bürgschaft führt zu mehr Rechtssicherheit und Beweiskraft des abgeschlossenen Geschäfts[317]. Ohne eine Urkunde kann die Durchsetzung des staatlichen Anspruches im Einzelfall schwierig sein.

Dem ist aber entgegenzusetzen, daß vor diesen Problemen auch derjenige steht, der eine mündliche Bürgschaft eines Kaufmanns im normalen geschäftlichen Betrieb erhält. Auch in diesem Fall kann es wegen der Mündlichkeit zu Beweisschwierigkeiten kommen. Aus der Tatsache, daß das Handelsrecht vom Schriftformerfordernis des BGB Abstand nimmt, ist zu ersehen, daß für den kaufmännischen Bereich der Gesetzgeber die Beweisfunktion der Schriftform in den Hintergrund gestellt hat. Vielmehr hat die Schriftform der Bürgschaft Warnfunktion als Schutz vor Übereilung[318]. Es sind keine Gründe ersichtlich, aus denen heraus der Staat anders zu behandeln ist als der Geschäftspartner eines Kaufmanns, so daß auch eine mündliche Steuerbürgschaft wirksam ist.

Im übrigen gilt das oben zur VOB-Bürgschaft Gesagte entsprechend. Im Bankgeschäft ist es nicht üblich, mündliche Bürgschaften zu übernehmen. Insofern ist die praktische Bedeutung des eben dargestellten Problems gering.

D. Die Bankbürgschaft als Sicherheitsleistung nach der Strafprozeßordnung

Die Strafprozeßordnung verwendet das Institut der Sicherheitsleistung in verschiedenen Vorschriften. Zu nennen sind hier die Aussetzung des Vollzuges der Untersuchungshaft (§ 116 StPO), das Absehen von der vorläufigen Festnahme (§ 127a Abs. I Nr. 2 StPO), die Sicherung der Durchführung des Verfahrens (§ 132 Abs. I Nr. 1 StPO), die Sicherung der Verfahrenskosten vor Einleitung des Klageerzwingungsverfahrens (§ 176 Abs. I StPO), die Sicherheitsleistung

[316] Larenz, BGB AT, § 21 Abs. I.

[317] Larenz, BGB AT, § 21 Abs. I a S. 1.

[318] Thomas in Palandt, § 766 BGB, Anm. 1.

des Privatklägers (§ 379 Abs. I StPO), der Aufschub der Strafvollstreckung (§ 456 Abs. III StPO) sowie Aussetzung oder Aufschub der Wirksamkeit eines Berufsverbotes (§ 456c Abs. III StPO).

Nach einigen der genannten Vorschriften muß die Sicherheit vom Opfer der Straftat, nach anderen Vorschriften vom Beschuldigten bzw. Täter aufgebracht werden. Die StPO verfolgt mit der Anordnung einer Sicherheitsleistung verschiedene Zwecke, die sich auch auf die Art und Höhe der Sicherheitsleistung auswirken.

I. Sicherheitsleistung nach § 116a StPO

Der Vollzug eines erlassenen Haftbefehles muß[319] (bei Fluchtgefahr) bzw. kann (bei Verdunkelungs- oder Wiederholungsgefahr) ausgesetzt werden, wenn der Zweck der Untersuchungshaft durch weniger einschneidende Mittel erreicht werden kann (§ 116 Abs. I S. 1 StPO). Dabei ist die Aussetzung des Haftbefehles gegen Leistung einer Sicherheit nur beim Haftgrund der Fluchtgefahr gesetzlich vorgesehen. Diese Art der Aussetzung hat sich von den im Gesetz genannten Möglichkeiten zum praktisch häufigsten Fall herausgebildet[320]. Der Gesetzgeber ist hier bewußt ein gewisses Risiko eingegangen, um dem im Rechtsstaat besonders wichtigen Grundsatz der Freiheit der Person nachzukommen[321]. Sofern der Beschuldigte die Sicherheit selbst leistet, dient der Zweck der Sicherheitsleistung der Erzwingung von Angst[322] vor dem Verfall der gestellten Sicherheit. Der Beschuldigte wird durch die geleistete Sicherheit einem psychischen Zwang ausgesetzt, eher das Strafverfahren und die Strafe auf sich zu nehmen, als sich diesem durch Flucht zu entziehen und einen finanziellen Nachteil zu erleiden[323].

Sofern die Sicherheit durch einen Dritten geleistet wird, fehlt diese Angst vor einem eigenen finanziellen Verlust. Hier erfüllt die Sicherheitsleistung nur dann ihren Zweck, wenn aufgrund der Persönlichkeit des Beschuldigten und seiner besonderen Beziehung zu dem Sicherungsgeber davon auszugehen ist, daß der Beschuldigte den Sicherungsgeber nicht schädigen will[324]. In Betracht kommt diese Art der Sicherheitsleistung deshalb insbesondere dann, wenn die Sicher-

---

[319] Die Vorschriften der §§ 116 und 116a StPO sind besondere Ausprägungen des allgemeinen Verhältnismäßigkeitsgrundsatzes, S. BVerfG 19, 342 (351); 32, 87 (94); Amendt, S. 16; Kleinknecht, § 116 StPO, Rd.-Nr. 1.

[320] Roxin, § 30 E II.

[321] Amendt, S. 16.

[322] Amendt, S. 19 unter Hinweis auf: Schmidt, § 118 StPO, Anm. 1a I; Duennebier, NJW 1968, S. 1752 ff. (1752).

[323] Amendt, S. 19, Duennebier, NJW 1968, S. 1752 ff. (1753).

[324] Wendisch, in Löwe/Rosenberg, § 116a StPO, Rd.-Nr. 10.

heit durch eine dem Beschuldigten nahestehende Person gestellt wird, wie z.B. die Ehefrau oder Eltern. Der Verteidiger scheidet dagegen schon aus standesrechtlichen Gründen als Sicherungsgeber aus[325]. Er würde sich nämlich bei einer Sicherheitsleistung seiner Unabhängigkeit zum Mandanten begeben und könnte in die Gefahr eines Interessen- bzw. Gewissenkonfliktes kommen[326].

Das Gesetz erwähnt in § 116a Abs. I StPO als Art der Sicherheitsleistung ausdrücklich die Stellung einer Bürgschaft durch eine geeignete Person. Da es an der für die Bürgschaft nach § 765 BGB erforderlichen Schuld (i.S.d. Zivilrechtes) des Beschuldigten fehlt — eine abzusichernde Forderung des Staates besteht zunächst nicht — mithin also auch keine Akzessorität der Bürgschaft möglich ist, kann es sich hier nicht um eine Bürgschaft i.S.v. § 765 BGB handeln[327]. Es handelt sich vielmehr um ein aufschiebend bedingtes selbstschuldnerisches Zahlungsversprechen eines Dritten gegenüber dem Staat[328], das zur Zahlung des zur Sicherheit gestellten Betrages an den Justizfiskus verpflichtet, wenn die Haftverschonung nach § 116 Abs. IV StPO widerrufen wird[329].

Die Stellung einer „Bankbürgschaft" (= Übernahme eines aufschiebend bedingten selbstschuldnerischen Zahlungsversprechens der Bank) zur Erfüllung der Sicherheitsleistung i.S.d. StPO wird in der Literatur vereinzelt für zulässig erachtet[330]. Die Stellung einer Bankbürgschaft hat in der strafprozessualen Praxis bisher keine Rolle gespielt. Dafür sind mehrere Gründe maßgeblich. Zunächst ist für die Bank vor der Stellung der Bürgschaft eine Kreditprüfung erforderlich. Eine Bank wird jedoch an die Bonität eines Kreditnehmers, der einem Strafverfahren ausgesetzt ist, erhebliche Anforderungen stellen, da erfahrungsgemäß die Durchführung eines Strafverfahrens nachteilige Auswirkungen auf das Vermögen des Beschuldigten hat. Die Übernahme der Bürgschaft wird deshalb nur bei der Stellung werthaltiger Sicherheiten durch den Beschuldigten in Frage kommen. Sofern der Beschuldigte noch über liquide Mittel wie Geld oder Wertpapiere verfügt, wird er in der Regel nicht seine Hausbank um die Stellung einer Bürgschaft bitten. Vielmehr wäre die Hinterlegung der Wertpapiere oder des Geldes durch den Beschuldigten bei der Bank bzw. bei einem an-

---

[325] Dahs, Rd.-Nr. 292 unter Hinweis auf § 76 Abs. I der Grundsätze des anwaltlichen Standesrechtes.

[326] Dahs, Rd.-Nr. 292.

[327] Boujong in KK, § 116a StPO, Rd.-Nr. 1; Kleinknecht, § 116a StPO, Rd.-Nr. 4; Wendisch in Löwe/Rosenberg, § 116a StPO, Rd.-Nr. 6; Schl.Holst. OLG, Rechtspfleger 1955, S. 49 ff. (50); OLG Düsseldorf, Rechtspfleger 1986, S. 275 f. (276); OLG Düsseldorf, NStZ 1990, S. 97 f. (97).

[328] Boujong in KK, § 116a StPO, Rd.-Nr. 1; Kleinknecht, § 116a StPO, Rd.-Nr. 4; Wendisch in Löwe/Rosenberg, § 116a StPO, Rd.-Nr. 6; vgl. auch OLG Düsseldorf, Rpfleger 1986, S. 275 f. (276).

[329] Boujong in KK, § 116a StPO, Rd.-Nr. 1.

[330] bei: Kleinknecht, § 116a StPO, Rd.-Nr. 4; Boujong in KK, § 116a StPO, Rd.-Nr. 1; Duennebier, NJW 1968, S. 1752 ff. (1753).

deren Treuhänder[331] mit gleichzeitiger Ermächtigung des Justizfiskus zum Herausverlangen des Hinterlegten[332] der üblichere Weg.

Ein weiteres Problem der Stellung der Sicherheit durch eine Bank ergibt sich aus § 123 Abs. III StPO. Danach kann derjenige, der für den Beschuldigten Sicherheit geleistet hat, deren Freigabe dadurch verlangen, daß er entweder binnen einer vom Gericht zu bestimmenden Frist die Gestellung des Beschuldigten bewirkt oder die Tatsachen, die den Verdacht einer vom Beschuldigten beabsichtigten Flucht begründen, so rechtzeitig mitteilt, daß der Beschuldigte verhaftet werden kann. Dies bedeutet, daß eine Bank sich nur unter den eben genannten Voraussetzungen aus der übernommenen Verpflichtung lösen kann. Der Bank fehlen jedoch die Möglichkeiten, die Tatbestandsvoraussetzungen des § 123 Abs. III StPO herbeizuführen. Sie wird in der Regel keine Möglichkeit haben, eine Gestellung des Beschuldigten herbeizuführen. Im Ergebnis würde dies dazu führen, daß die Bank Privatpersonen als „Kopfgeldjäger" einsetzen müßte, um die Gestellung des Beschuldigten herbeizuführen. Im übrigen werden ihr Tatsachen, die eine Flucht des Beschuldigten verhindern können, nicht bekannt sein. Die Vorschrift des § 123 Abs. III StPO ist letztlich Ausfluß der Tatsache, daß die Sicherheitsleistung in der Regel nur von dem Beschuldigten nahestehenden Personen gestellt wird. Diese haben die Möglichkeit, entsprechend auf den Beschuldigten einzuwirken, damit sich dieser den Justizbehörden stellt[333]. Eine derartig enge persönliche Beziehung besteht zwischen einer Bank und einem Beschuldigten einer Straftat nicht. Die Übernahme der Sicherheit durch eine Bank kommt in den Fällen in Betracht, in denen der Beschuldigte keine liquiden Mittel zur Sicherheitsleistung kurzfristig zur Verfügung stellen kann, gleichwohl aufgrund anderer Fakten die Bank die Bonität des Beschuldigten als ausreichend ansieht[334]. Der Einsatz der „Bankbürgschaft" erweist sich hier als einer von mehreren möglichen Wegen, der in der Literatur beklagten mangelnden Ausschöpfung der Möglichkeiten zur Aussetzung des Vollzuges von Haftbefehlen abzuhelfen[335].

Sofern die Stellung der Sicherheit durch eine Bank erwogen wird[336], kann die Initiative zur Stellung der Sicherheit nur vom Beschuldigten bzw. von dessen Verteidiger ausgehen. Zweckmäßig wäre es dabei zunächst, von der Hausbank ein grundsätzliches Einverständnis zur Herauslage der „Bürgschaft" zu erlan-

[331] Kleinknecht, § 116a StPO, Rd.-Nr. 2.

[332] Boujong in KK, § 116a StPO, Rd.-Nr. 1.

[333] Schl.Holst. OLG, Rechtspfleger 1955, S. 49ff.(50).

[334] Hier kommt z.B. die Stellung von Grundpfandrechten oder aber das Institut der Sicherungsübereignung zur Besicherung des Bürgschaftsanspruches in Betracht.

[335] vgl. dazu Boujong in KK, § 116 StPO, Rd.-Nr. 1 m.w.N.

[336] bei Kleinknecht, § 116a StPO, Rd.-Nr. 4; sowie bei Boujong in KK, § 116a StPO, Rd.-Nr. 1; sowie bei Duennebier, NJW 1968, S. 1752 ff. (1753).

gen. Dabei sollte mit der Hausbank auch die maximale Höhe der von ihr zu verantwortenden „Bürgschaft“ geklärt werden. Sofern in der Literatur verlangt wird, die Höhe der Sicherheitsleistung sei von der Höhe des Vermögens des Sicherheitleistenden, hier also der Bank abhängig[337], so kann dies nicht für die Stellung der Sicherheit durch eine Bank gelten. Aufgrund der vertraglichen Beziehung zwischen der Bank und dem Beschuldigten ergibt sich ein Aufwendungsersatzanspruch der Bank gegen den Beschuldigten, so daß es sich hier nicht um die Stellung der Sicherheit durch einen Dritten, sondern um die mittelbare Stellung durch den Beschuldigten handelt . Deshalb kann es bei der Bemessung der Höhe der Sicherheit nicht auf das Vermögen der Bank, sondern nur auf das Vermögen des Beschuldigten ankommen. Anschließend müßte der Beschuldigte bzw. sein Verteidiger einen Antrag auf Aussetzung des Vollzuges des Haftbefehles, verbunden mit einem Vorschlag zur Art und Höhe der Sicherheitsleistung stellen. Die Anregung der Form der Sicherheitsleistung ist hier zweckmäßig, da lediglich das Gericht gemäß § 116 a Abs. II StPO die Wahl der Art der Sicherheitsleistung hat, nicht aber der Beschuldigte. Sobald es die vom Verteidiger vorgeschlagene Sicherheitsleistung geprüft hat, wird es sich einem vernünftigen Vorschlag nicht verschließen, da Richter und Staatsanwalt eher geneigt sind, den Vollzug des Haftbefehles auszusetzen, als diesen ganz aufzuheben[338]. Die Stellung der Sicherheit durch eine Bank ist somit ein geeignetes Mittel, um die vom allgemeinen Verhältnismäßigkeitsgrundsatz des Grundgesetzes geforderte Wahl des mildesten Mittels zu erreichen.

Angesichts der oben aufgezeigten Bedenken[339] und der Tatsache, daß eine persönliche Bindung zwischen dem Beschuldigten und seiner Bank, die den Beschuldigten an einer Flucht hindern könnte, fehlt, wird sich die Stellung der Sicherheit durch eine Bank zur Verminderung der Fluchtgefahr, nach hier vertretener Auffassung, in der Praxis kaum bewähren.

II. Sicherheitsleistung nach § 456 Abs. III StPO bzw. § 456c Abs. III S. 1 StPO

Das vorstehend Gesagte gilt auch für den vorübergehenden Aufschub der Vollstreckung einer Strafe gegen Sicherheitsleistung nach § 456 Abs. III StPO bzw. den Aufschub oder die Aussetzung eines Berufsverbotes gegen Sicherheitsleistung nach § 456 c Abs. III S. 1 StPO. Hier liegt die gleiche Sachlage wie im Fall des § 116 Abs. I StPO vor.

---

[337] Wendisch in Löwe/Rosenberg, § 116a StPO, Rd.-Nr. 10.

[338] so: Dahs, Rd.-Nr. 291.

[339] s. S. 89.

III. Sicherheitsleistung nach § 132 Abs. I Nr. 1 StPO bzw. § 127a Abs. I Nr. 2 StPO

Diese mit Gesetz vom 24. Mai 1968 in die StPO eingefügten Vorschriften sollen die etwaige künftige Strafvollstreckung gegen Beschuldigte sicherstellen, die im Geltungsbereich des Gesetzes keinen festen Wohnsitz haben. Ein Mittel der Sicherstellung des Fortgangs des Verfahrens ist die Stellung einer Sicherheit. Die Einführung der Vorschriften wurde vom Gesetzgeber mit Mängeln der Strafverfolgung, insbesondere von Verkehrsdelikten durchreisender Ausländer begründet[340]. Durch die Öffnung der europäischen Grenzen einschließlich der Grenzen zum Osten sowie eine starke Zunahme des Lastkraftverkehrs, der die Bundesrepublik Deutschland zum Transitland macht, ist die Bedeutung der Vorschrift in den vergangenen Jahren erheblich gewachsen.

Im Gegensatz zur Regelung des § 116a StPO, wo die Furcht vor dem Verlust der Sicherheit den Beschuldigten zu einem bestimmten Verhalten — Aufgabe der Flucht bzw. Stellung bei der Behörde — bewegen soll, ist die Sicherheit nach den Vorschriften des § 132 Abs. I Nr. 1 StPO bzw. § 127a Abs. I Nr. 2 StPO einen Vorschuß auf die zu zahlende Geldstrafe[341].

Wegen der Art und der Höhe der Sicherheit verweisen die §§ 127a Abs. II StPO bzw. § 132 Abs. I S. 2 StPO auf § 116a Abs. I StPO, so daß das oben Gesagte hier ebenfalls gilt.

Hier ist die Stellung der Sicherheit durch eine Bank ein geeignetes und zulässiges Mittel der Sicherheitsleistung, da sie auf die Zahlung eines Geldbetrages gerichtet ist. Die Bankbürgschaft kommt jedoch nur dann in Betracht, wenn der Beschuldigte seine ausländische Hausbank mit der Übernahme der Sicherheitsleistung bzw. mit dem Auftrag zur Stellung der Sicherheit durch eine deutsche Korrespondenzbank beauftragt. Inländische Banken werden i.d.R. nicht bereit sein, Verpflichtungen für Gebietsfremde, ihnen nicht bekannte Personen zu übernehmen, da das Kreditrisiko nicht einschätzbar ist.

Sofern die Sicherheit von einer ausländischen Bank gestellt wird, ergibt sich das an anderer Stelle bereits dargestellte Problem, ob auch die Stellung ausländischer Institute zulässig sein kann[342]. Entsprechend den Ausführungen zur Kapitalverkehrsfreiheit aus dem EU-Recht muß auch für den Bereich des Strafprozeßrechtes davon ausgegangen werden, daß die Stellung ausländischer Banken zulässig ist, wenn diese im EU-Bereich zugelassen sind.

---

340 BT-Drucksache zu V 2600, 2601 S. 17.

341 Duennebier, NJW 1968, S. 1752 ff. (1752).

342 s. S. 52.

IV. Sicherheitsleistung nach § 176 Abs. I S. 1 StPO.

Nach § 176 Abs. I S. 1 StPO kann durch Beschluß des Gerichtes dem Antragsteller eines Klageerzwingungsverfahrens die Stellung einer Sicherheit auferlegt werden. Grundgedanke dieser Vorschrift ist es, den Beschuldigten bzw. die Staatskasse von Belastungen durch Kosten und Auslagen, z.B. Gutachterkosten, freizuhalten[343]. Der gleiche Gedanke liegt der Ausländersicherheit nach § 110 Abs. I S. 1 ZPO zugrunde[344] Außerdem soll über den Zwang zu einer finanziellen Leistung der Antragsteller von einem Mißbrauch des Klageerzwingungsverfahrens abgehalten werden[345]. Obwohl die praktische Bedeutung dieser Vorschrift gering ist, da sie von den Gerichten kaum angewandt wird[346], ist ihr Inhalt rechtspolitisch umstritten[347]. Die nach Einführung der Vorschrift sehr scharfe Kritik gegen die Leistung einer Sicherheit[348] ist in der Folgezeit abgeschwächt worden[349]. Dies liegt im wesentlichen an der von der Literatur empfohlenen[350] restriktiven Anwendung der Vorschrift. In der Tat erscheint es aber bedenklich, dem Opfer zunächst die Möglichkeit einer Beteiligung an der Strafverfolgung zu eröffnen, in dem es das Klageerzwingungsverfahren betreiben kann, diese Möglichkeit dann aber dadurch zu beschneiden, daß man aus fiskalischen Gründen finanzielle Voraussetzungen einfügt, die das Opfer unter Umständen nicht erfüllen kann.

Nach § 176 Abs. I S. 2 StPO darf diese Sicherheit nur durch Hinterlegung in barem Geld oder in Wertpapieren bewirkt werden. Eine Sicherheitsleistung durch Bürgschaft ist nicht vorgesehen[351], so daß hier die Beibringung einer Bankbürgschaft[352] als Sicherheit nicht ausreichend ist.

Folge der Ablehnung einer Bankbürgschaft in diesem Bereich kann eine Einschränkung des Opferschutzes sein. Gerade eine Verstärkung des Opferschutzes wird aber vom Gesetz angestrebt. Die Höhe der Sicherheit bestimmt sich nach

343 Wache/Schmid in KK, § 176 StPO, Rd.-Nr. 2.

344 s. S. 17.

345 Rieß in Löwe/Rosenberg, § 176 StPO, Rd.-Nr. 1.

346 Rieß in Löwe/Rosenberg, § 176 StPO, Rd.-Nr. 1.

347 vgl. dazu Rieß in Löwe/Rosenberg, § 176 StPO, Rd.-Nr. 2.

348 Schmidt, § 176 StPO, Rd.-Nr. 1, bezeichnet die Vorschrift als unerfreuliche und peinliche Regelung.

349 vgl. dazu Rieß in Löwe/Rosenberg, § 176 StPO, Rd.-Nr. 2; Wache/Schmid in KK, § 176 StPO, Rd.-Nr. 2.

350 Wache/Schmid in KK, § 176 StPO, Rd.-Nr. 2; Rieß in Löwe/Rosenberg, § 176 StPO, Rd.-Nr. 2; Schmidt, § 176 StPO, Rd.-Nr. 4.

351 s. a.: Wache/Schmid in KK, § 176 StPO, Rd.-Nr. 2; Rieß in Löwe/Rosenberg, § 176 StPO, Rd.-Nr. 4; Schmidt, § 176 StPO, Rd.-Nr. 5.

352 vgl. dazu Meyer/Gusner in Löwe/Rosenberg, 23. Aufl., § 176 StPO, Rd.-Nr. 6, der die Bankbürgschaft explizit erwähnt.

der Höhe der zu erwartenden Kosten. Dabei handelt es sich um die Gerichtsgebühr nach Nr. 1638 KVGKG, die durch etwaige Ermittlungen nach § 173 Abs. III StPO entstehenden gerichtlichen Auslagen und die notwendigen Auslagen des Beschuldigten im Verfahren vor dem Oberlandesgericht[353]. Insbesondere die Kosten für Ermittlungen können eine beträchtliche Höhe erreichen.

Da der Anzeigeerstatter im Falle der Nichterhebung der öffentlichen Klage diese Kosten in jedem Fall zu tragen hat, muß er liquide Mittel bereithalten. Durch die Möglichkeit, die Sicherheit durch Bankbürgschaft zu erbringen, wird er nicht benachteiligt, da er statt der Bankbürgschaft auch sofort einen Barkredit aufnehmen kann, um die Sicherheit durch Hinterlegung zu stellen. Für eine Zulassung der Bankbürgschaft als Sicherheit ergibt sich somit aus dem Gedanken des Opferschutzes keine Notwendigkeit.

V. Sicherheitsleistung nach § 379 Abs. I StPO

Auch für das Privatklageverfahren sieht das Gesetz die Möglichkeit vor, vor Einleitung des Verfahrens vom Privatkläger die Stellung einer Sicherheit zu verlangen. Gemäß § 379 Abs. II StPO ist die Sicherheitsleistung durch Hinterlegung in barem Geld oder in Wertpapieren zu bewirken. Die Sachlage ist mit derjenigen bei der Stellung einer Sicherheit im Klageerzwingungsverfahren vergleichbar, so daß auf die entsprechenden Ausführungen verwiesen werden kann[354]. Auch hier ist die Stellung einer Bankbürgschaft zur Sicherheitsleistung nicht zulässig.

---

353 Wache/Schmid in KK, § 177 StPO Rd.-Nr. 3.

354 s. S. 92.

Teil III: Die Bankbürgschaft zur Erfüllung der Pflichtversicherung

Gegenstand der nachfolgenden Untersuchung ist die Frage, ob die Stellung einer Bankbürgschaft zur Erfüllung einer gesetzlich angeordneten Pflichtversicherung zulässig ist. Sofern nach dem jeweiligen die Pflichtversicherung anordnenden Gesetz die Stellung einer Bankbürgschaft nicht vorgesehen ist, wird geprüft, ob es rechtliche Möglichkeiten gibt, diese zuzulassen und ob dies unter wirtschaftlichen Gesichtspunkten zweckmäßig ist.

A. Zweck der Pflichtversicherung

Der Gesetzgeber hat in zahlreichen Gesetzen für die Zulässigkeit eines bestimmten Verhaltens den Abschluß einer Pflichtversicherung vorgeschrieben. Dabei handelt es sich zum Teil um Haftpflichtversicherungen, wie z.B. die Pflichtversicherung der Kfz-Halter, zum Teil aber auch um Lebensversicherungen, wie z.B. die Versicherungspflicht nach dem Schornsteinfegergesetz[1].

Der Zweck der Pflichthaftpflichtversicherung liegt im Schutz derjenigen, die durch ein Verhalten des Versicherungsnehmers geschädigt werden können. Demzufolge ist die Haftpflichtversicherung dort gesetzlich vorgeschrieben, wo ein Verhalten gefährlich und damit schadensgeneigt sein kann, wie z.B. im Straßenverkehr, bei der Ausübung verantwortungsvoller Berufe oder auf der Jagd. Davon zu unterscheiden ist die Pflichtversicherung derer, die fremdes Vermögen in ihren Händen halten und deshalb für dessen möglichen Untergang verantwortlich sind. Hierzu gehören die Sachversicherungspflicht der Pfandleiher oder die Feuerversicherungspflicht des Lagerhalters. Auch die Versicherungspflicht nach der Makler- und Bauträgerverordnung ist diesem Bereich zuzuordnen. In den zuletzt genannten Fällen ist die Versicherungspflicht Folge der jeweiligen Erhaltungspflicht desjenigen, der fremdes Vermögen verwaltet oder in den Händen hat[2].

---

[1] Schornsteinfegergesetz vom 15.09.1969, BGBl I S. 1634, zuletzt geändert durch Gesetz vom 18.12.1990, BGBl I S. 2261.

[2] vgl. zur Erhaltungspflicht des Nießbrauchers nach § 1041 S. 1 BGB: Bassenge in Palandt, § 1045 BGB, Anm. 1.

Fraglich ist, ob der Gesetzgeber bei der Normierung der Pflichtversicherung auch den Schutz des Versicherten vor Ansprüchen möglicher Geschädigter als Gesetzeszweck angesehen hat, letztlich also ob der Versicherte zwangsweise Mitglied einer Solidargemeinschaft der Versicherten sein soll. Die fehlende Pflicht zum Abschluß einer privaten Haftpflichtversicherung zeigt, daß der Gesetzgeber dieses Motiv der Solidargemeinschaft nicht für die Pflichtversicherung zugrunde legt. Auch im privaten Bereich, etwa als Sportler oder nicht motorisierter Verkehrsteilnehmer (Radfahrer oder Fußgänger) kann man erhebliche Schäden verursachen[3]. Eine Versicherungspflicht für diesen Bereich besteht jedoch nicht. Es ist deshalb davon auszugehen, daß der Schutz des möglichen Schädigers vor existenzbedrohenden Schadensersatzansprüchen nicht Motiv des Gesetzgebers war. Vielmehr fällt der Abschluß einer entsprechenden Haftpflichtversicherung in den eigenen Verantwortungsbereich des mündigen Bürgers. Motivation des Gesetzgebers für die Festlegung von Versicherungspflichten ist deshalb stets der Schutz des möglicherweise Geschädigten[4]. § 158c Abs. I VVG bestimmt, daß der Versicherer im Verhältnis zum Dritten auch dann zur Leistung verpflichtet bleibt, wenn er im Verhältnis zu seinem Versicherungsnehmer ganz oder teilweise von der Verpflichtung zur Leistung frei ist, weil das Versicherungsverhältnis an einem Mangel krankt. Dies bedeutet jedoch nicht, daß der Dritte einen eigenen Anspruch gegen den Versicherer hat (§ 158c Abs. VI VVG); vielmehr muß er im Einzelfall die Ansprüche des Versicherungsnehmers gegen den Versicherer pfänden und an sich überweisen lassen[5]. Im Verhältnis zum Geschädigten wird der Fortbestand des Befreiungsanspruches des Versicherungsnehmers gegen die Versicherungsgesellschaft aus dem Versicherungsfall fingiert[6]. Den Befreiungsanspruch kann nur der Dritte geltend machen, nicht der Versicherungsnehmer[7]. § 158 Abs. II S. 1 VVG begründet eine Nachhaftung der Versicherungsgesellschaft im Verhältnis zum Dritten. Dies bedeutet, daß der Versicherer sich erst dann aus der Verpflichtung im Verhältnis zum Dritten lösen kann, wenn er die Beendigung der Versicherung der „zuständigen Stelle“ angezeigt hat. Im Bereich der Pflichtversicherung ist die zuständige Stelle die Zulassungsstelle. Dieser Gedanke ist auf die Erbringung der Deckungsvorsorge durch Freistellungs- oder Gewährleistungsverpflichtungen anzuwenden. Zuständige Stelle ist dann die jeweilige Genehmigungsbehörde. Im Ergebnis bedeutet dies, daß das Kreditinstitut bei Beendigung der Bankbürgschaft dies der zuständigen Stelle anzeigen muß, um sich aus der Nachhaftung zu befreien.

---

[3] von Bar hält deshalb das bisherige System der Pflichtversicherung für ein unorganisches, zusammenhangloses Sammelsurium von Einzelvorschriften (ACP 181, S. 289 ff. (318)).

[4] Barner, S. 6, der ausführliche Hinweise zur Entstehungsgeschichte des PflVersG gibt.

[5] BGHZ 7, S. 244 ff. (246); Knappmann, in Prölss/Martin, § 158 c VVG, Anm. 2 und 5.

[6] Knappmann, in Prölss/Martin, § 158 c VVG, Anm. 2, mit weiteren Nachweisen auf Rechtsprechung und Literatur.

[7] Knappmann, in Prölss/Martin, § 158 c VVG, Anm. 2; zur Lehre vom Befreiungsanspruch vgl. die grundlegende Entscheidung; RGZ 90, S. 257 ff. (261).

Ein Aufrechnungsverbot enthält § 158 g VVG. Dadurch ist es der Versicherung untersagt, die Entschädigungsleistung gegen eigene Ansprüche gegen den Versicherungsnehmer — regelmäßig die Prämie — aufzurechnen. Durch diese Vorschrift soll die Entschädigungszahlung in ihrem Bestand zum Schutz des geschützten Dritten erhalten bleiben, da sie an diesen auszukehren ist. Eine eventuelle Aufrechnung der Versicherungsgesellschaft führe dazu, daß die Entschädigungsleistung nicht mehr voll an den Geschädigten ausgekehrt werden kann.

Eine weitere Besonderheit der Haftpflichtversicherung ist die Regelung des § 156 Abs. I S. 1 VVG. Danach ist eine Verfügung über die Entschädigung aus dem Versicherungsverhältnis dem Dritten gegenüber unwirksam. Dies gilt auch für Verfügungen im Wege der Zwangsvollstreckung. Durch diese Vorschrift soll der Dritte davor geschützt werden, daß der Versicherungsnehmer vorzeitig über die Entschädigungssumme anderweitig verfügt, so daß der Geschädigte nicht mehr befriedigt wird. Die Vorschrift des § 156 Abs. I S. 2 VVG bewirkt, daß Entschädigungsleistungen der Haftpflichtversicherer nicht der Zwangsvollstreckung durch andere Gläubiger des Versicherungsnehmer unterliegen[8]. Durch diese Vorschrift werden Zwangsvollstreckungsmaßnahmen zwar nicht gehindert, der Geschädigte kann jedoch gemäß §§ 772 , 771 ZPO Widerspruchsklage erheben[9].

Da der geschädigte Dritte die Forderung des Versicherungsnehmers gegen die Versicherung nicht direkt gegen die Versicherung geltend machen kann, mußte das Gesetz für den Fall des Konkurses des Versicherungsnehmer Vorkehrungen treffen, damit die Entschädigungsleistung nicht in die Konkursmasse fallen kann. Dementsprechend bestimmt § 157 VVG für den Fall des Konkurses des Versicherungsnehmers, daß der Dritte wegen der ihm zustehenden Entschädigung abgesonderte Befriedigung (§ 47 KO) aus der Entschädigungsforderung des Versicherungsnehmers gegen den Versicherer verlangen kann.

Im folgenden wird der Frage nachgegangen, ob statt des Abschlusses einer Versicherung die Stellung einer Bankbürgschaft sinnvoll und rechtlich zulässig ist.

B. Gesetzliche Versicherungspflichten

I. Pflichtversicherung nach dem Pflichtversicherungsgesetz

Die Pflichtversicherung für Kraftfahrzeuge ist der bekannteste Fall einer gesetzlichen Pflichtversicherung. Nach § 1 des PflVG[10] ist der Halter eines Kraft-

[8] zur Entwicklung der Vorschrift vgl. von Bar in ACP 181, S. 289 ff. (308 f.).

[9] Heinrichs in Palandt, § 136 BGB Anm. 3a.

[10] vom 05.04.1965, BGBl I S. 213.

fahrzeuges oder Anhängers verpflichtet, für sich, den Eigentümer und den Fahrer eine Haftpflichtversicherung zur Deckung der durch den Gebrauch des Fahrzeugs verursachten Personenschäden, Sachschäden und sonstigen Vermögensschäden abzuschließen. Nach § 2 Abs. I PflVG sind bestimmte juristische Personen des öffentlichen Rechtes von der Versicherungspflicht ausgenommen. Das Gesetz sieht neben der Absicherung durch den Abschluß einer Haftpflichtversicherung keine weiteren Sicherungsmöglichkeiten vor. Die Stellung einer Bankbürgschaft zur Absicherung von Schäden durch den Gebrauch eines Kraftfahrzeuges ist gesetzlich nicht zugelassen.

II. Pflichtversicherung der Wirtschaftsprüfer

Nach § 54 Abs. I S. 1 der Wirtschaftsprüferverordnung[11] sind Wirtschaftsprüfer verpflichtet, sich gegen die aus ihrer Berufstätigkeit ergebenden Haftpflichtgefahren zu versichern. Es handelt sich somit um eine Berufshaftpflichtversicherung. In § 50 Abs. II Wirtschaftsprüferverordnung findet sich eine Ermächtigung zum Erlaß einer Verordnung über die Berufshaftpflichtversicherung der Wirtschaftsprüfer, vereidigten Buchprüfer und der nach § 131 Abs. II, § 131 f Abs. II der Wirtschaftsprüferverordnung vorläufig bestellten Personen[12]. Die Mindesthaftpflichtversicherungssumme beträgt 500.000,00 DM.

Das Gesetz sieht keine weiteren Sicherungsmöglichkeiten vor. De lege lata ist die Stellung einer Bankbürgschaft damit nicht zulässig, um die Versicherungspflicht zu erfüllen.

III. Haftpflichtversicherung der Notare

§ 50 Abs. I Nr. 8 i.V.m § 19 a Abs. I BNotO[13] verpflichtet den Notar zum Abschluß einer Haftpflichtversicherung. Es handelt sich dabei um eine Berufshaftpflichtversicherung in Form einer Vermögensschadenhaftpflichtversicherung. Sofern eine derartige Versicherung nicht besteht, kann der Notar nach § 50 Abs. I Nr. 8 BNotO seines Amtes enthoben werden. Reicht die abgeschlossene Haftpflichtversicherung für die Schadensregulierung im Einzelfall nicht aus, kann noch eine Erstattung durch den Vertrauensschadenfonds der Notarkammer, der nach § 67 Abs. II Nr. 3 BNotO[14] errichtet wird, erfolgen.

---

[11] in der Fassung vom 05.11.1975, BGBl I S. 2803.

[12] vom 08.12.1967, BGBl I S. 1212 in der Fassung vom 19.06.1986, BGBl I S. 919.

[13] Bundesnotarordnung vom 24.02.1961.

[14] Statut abgedruckt bei Weingärtner, 640–1.

Nach der BNotO ist eine andere Sicherungsform als die Haftpflichtversicherung nicht vorgesehen.

IV. Pflichtversicherung der Rechtsanwälte

Die Berufshaftpflichtversicherung der Rechtsanwälte ist bisher gesetzlich noch nicht vorgeschrieben. Durch die BRAO-Novelle 1994[15] soll ein neuer § 51 a BRAO eingeführt werden, in dem die Verpflichtung des Rechtsanwaltes zum Abschluß einer Berufshaftpflichtversicherung gesetzlich festgeschrieben wird. Die Mindestversicherungssumme beträgt danach DM 500 000,00. Die gesetzliche Einführung der Pflichtversicherung der Rechtsanwälte dient vorrangig dem Schutz des rechtssuchenden Publikums[16].

Das Gesetz sieht zur Erfüllung der Versicherungspflicht lediglich den Abschluß einer Haftpflichtversicherung vor. Eine Eigendeckung, etwa in Form einer Bankbürgschaft, wird nicht zugelassen.

V. Versicherungspflicht der Krankenpflegeschulen

Nach § 8 Abs. III S. 1 Krankenpflegeverordnung[17] sind die Träger von Krankenpflegeschulen verpflichtet, auf ihre Kosten die Lernschwestern gegen Krankheit und Haftpflicht zu versichern. Das Gesetz sieht außer der Versicherung keine weiteren Sicherungsmöglichkeiten vor, so daß die Stellung einer Bankbürgschaft nicht zulässig ist.

VI. Berufshaftpflichtversicherung der Ärzte

Die Hauptversammlung der Bundesärztekammer, der „Deutsche Ärztetag", hat zur Vereinheitlichung der ärztlichen Berufspflichten und Standesregeln eine Musterberufsordnung (BOÄ)[18] als einheitliche Richtlinie beschlossen. Diese wird laufend neuen Erfordernissen angepaßt.

---

[15] Entwurf eines Gesetzes zur Neuordnung des Berufsrechts der Rechtsanwälte, BR-Drucksache 93/93 vom 12.02.1993.

[16] BR-Drucksache 93/93, Begr. zu Nr. 22 a, abgedruckt in AnwBl. 1993, S. 215 ff (222).

[17] vom 28.09.1938 RGBl I S. 1310 in der Fassung der Veröffentlichung in BGBl III 1960, Folge 14, S. 97.

[18] abgedruckt als Anhang zu Kapitel 1 bei Uhlenbruck in Laufs/Uhlenbruck, § 22 Rd.-Nr. 2.

In § 8 BOÄ, entsprechend § 8 Nds.BO, heißt es: Der Arzt ist verpflichtet, sich hinreichend gegen Haftpflichtansprüche im Rahmen seiner beruflichen Tätigkeit zu versichern. Diese standesrechtliche Pflicht zur Versicherung ist gleichzeitig auch Rechtspflicht[19]. Im Hinblick auf die von den Gerichten zugesprochenen Schadensersatzansprüche wird eine Deckungssumme von 2 Mio. DM empfohlen. Die Erbringung der Deckungsvorsorge durch eine Bankbürgschaft ist von der Berufsordnung nicht vorgesehen. Angesichts der empfohlenen Deckungssumme und der Schadenshäufigkeit, sowie der verhältnismäßig niedrigen Prämie von ca. 1.370,- DM pro Jahr, ist die Erbringung der Deckungsvorsorge aus eigenen Mitteln nicht sinnvoll. Sie wird deshalb auch von der Literatur zu Recht nicht angesprochen.

VII. Haftpflichtversicherung für Jäger

Nach § 17 Abs. I Nr. 4 BJagdG ist ein Jagdschein zu versagen, wenn der Jäger keine ausreichende Jagdhaftpflichtversicherung nachweist. Mindestversicherungssumme ist 1 Mio. DM für Personenschäden und 100.000,00 DM für Sachschäden. Es handelt sich um eine reine Haftpflichtversicherung, die nicht für Eigenschäden eintritt. Der Jagdveranstalter ist verpflichtet, bei der Auswahl der Jagdgäste zu prüfen, ob diese einen Jagdschein haben, da nur dies Gewähr dafür bietet, daß sie haftpflichtversichert sind[20].

VIII. Haftpflichtversicherung der Schausteller

Der Gesetzgeber hat in § 55 f Gewerbeordnung den Bundesminister für Wirtschaft ermächtigt, durch Rechtsverordnung Vorschriften über die Verpflichtung der Schausteller zum Nachweis des Bestehens einer Haftpflichtversicherung zu erlassen. Aufgrund dieser Ermächtigung wurde die Verordnung über die Haftpflichtversicherung der Schausteller[21] erlassen. Danach sind die Schausteller verpflichtet, eine Haftpflichtversicherung abzuschließen und nachzuweisen, sofern sie ein Fahrgeschäft, eine Schießbude, Reitveranstaltungen oder gefährliche Tiere vorführen. Ebenso gilt dies für die Betreiber eines Zirkusses. Die Versicherungssumme beträgt für Personenschäden 2 Mio. DM, für Sachschäden 300.000,00 DM. Die Verordnung sieht andere Sicherungsmittel als den Abschluß einer Haftpflichtversicherung nicht vor.

---

[19] Uhlenbruck in Laufs/Uhlenbruck, § 22 Rd.-Nr. 2.

[20] Mitzschkc/Schäfer, Anh. zu § 17 BJagdG.

[21] vom 17.12.1984, BGBl I S. 1598.

IX. Pflichtversicherung der Pfandleiher

§ 8 der Pfandleiherverordnung[22] verpflichtet die gewerblichen Pfandleiher zum Abschluß einer Sachversicherung. Sie müssen die ihnen überlassenen Pfänder mindestens zum Doppelten der Darlehenssumme gegen Feuerschaden, Leitungswasserschaden, Einbruch und Beraubung versichern. Die Verordnung sieht keine anderen Sicherungsmöglichkeiten vor.

X. Haftpflichtversicherung der Bewachungsunternehmen

Aufgrund der Ermächtigung in § 34 a Abs. II Nr. 3 Gewerbeordnung hat der Gesetzgeber die Verordnung über das Bewachungsgewerbe erlassen[23].

Nach § 2 Abs. I dieser Verordnung ist der Bewachungsunternehmer verpflichtet, eine Haftpflichtversicherung für sich und die in seinem Betrieb beschäftigten Personen abzuschließen. Die Versicherungssummen betragen 500.000,00 DM für Personenschäden, 50.000,00 DM für Sachschäden, 10.000,00 DM für das Abhandenkommen bewachter Sachen und 8.000,00 DM für reine Vermögensschäden. Auch diese Verordnung sieht eine andere Sicherungsleistung als die Haftpflichtversicherung nicht vor.

XI. Pflichtversicherung der Luftverkehrsunternehmer

1. Haftpflichtversicherung

Nach § 2 Abs. I S. 1 Nr. 3 Luftverkehrsgesetz[24] wird ein deutsches Luftfahrzeug nur dann zum Luftverkehr zugelassen, wenn der Halter des Luftfahrzeuges eine Haftpflichtversicherung abgeschlossen hat oder durch Hinterlegung von Geld oder Wertpapieren Sicherheit geleistet hat. Der erforderliche Inhalt der Haftpflichtversicherung ist in den §§ 102 und 103 der Luftverkehrszulassungsordnung[25] sowie in § 43 Abs. I Luftverkehrsgesetz geregelt. Der Schutzzweck

---

[22] Verordnung über den Geschäftsbetrieb der gewerblichen Pfandleiher, vom 01.02.1961 BGBl I S. 58, in der Fassung der Bekanntmachung vom 01.06.1976, BGBl I S. 1334.

[23] vom 22.11.1963, BGBl I S. 846, in der Fassung der Bekanntmachung vom 01.09.1976, BGBl I S. 1341.

[24] vom 01.08.1922, RGBl I S. 681, in der Fassung der Bekanntmachung vom 14.01.1981, BGBl I S. 61.

[25] in der Fassung der Bekanntmachung vom 13.03.1979, BGBl I S.308.

der Norm liegt in dem Schutz derjenigen, die beim Betrieb eines Flugzeuges einen Schaden erleiden und finanzielle Ansprüche gegen den Luftverkehrsunternehmer haben[26]. Die Hinterlegung erfolgt gem. § 105 S. 1 LuftVZO nach den Vorschriften der §§ 232 ff. BGB. Andere Sicherungsformen werden vom Gesetz und der LuftVZO nicht zugelassen. Auch die Kommentierungen ziehen sie nicht in Erwägung[27].

§ 43 Luftverkehrsgesetz soll die Durchsetzbarkeit des Anspruches des Geschädigten in tatsächlicher Hinsicht sichern[28]. Der Haftungshöchstbetrag ist nach § 37 Abs. I S. 1 Lit. c LuftVG an das Gewicht des Luftfahrzeuges gebunden.

Die Besonderheit der Haftpflichtversicherung nach dem Luftverkehrsgesetz liegt darin, daß im Gegensatz zu den anderen bekannten Haftpflichtversicherungen, wie z.B. nach dem Pflichtversicherungsgesetz, auch die Hinterlegung von Geld oder Wertpapieren zugelassen ist. Der Gesetzgeber hat damit gezeigt, daß er auch daran gedacht hat, eine Eigendeckung des Luftverkehrsunternehmers zur Deckungsvorsorge zuzulassen. Eine besondere Form der Eigendeckung ist die Stellung einer Bankbürgschaft bzw. von Freistellungs- oder Gewährleistungsverpflichtungen eines Kreditinstitutes, wie dies aus dem Atomgesetz, dem Arzneimittelgesetz, dem Umwelthaftungsgesetz oder dem Gentechnikgesetz bekannt ist. Für den Bereich der Luftfahrt, insbesondere soweit es sich um große Flugzeuge handelt, bietet es sich an, das Modell der Deckungsvorsorge nach den eben genannten Gesetzen zu übernehmen. Beim Betrieb eines großen Verkehrsflugzeuges geht es ebenso wie bei dem Betrieb einer umweltgefährdenden Anlage oder einer Atomanlage um den Betrieb eines Gerätes, daß erhebliche Schäden verursachen kann. Die Interessenlage sowohl des Unternehmers als auch der möglichen Geschädigten sind vergleichbar. Es ist daher sinnvoll, das Modell der Deckungsvorsorge auch für den Bereich der Luftfahrt zuzulassen, insbesondere soweit es sich um die Deckungsvorsorge für große Verkehrsflugzeuge handelt. Damit könnte auch hier — nach einer entsprechenden Gesetzesänderung — die Bankbürgschaft als ein sinnvolles Sicherungsmittel eingesetzt werden, das den Interessen aller Beteiligten gerecht werden wird.

2. *Unfallversicherungspflicht der Luftverkehrsunternehmen*

Die Luftverkehrsunternehmen sind nach § 50 S. 1 Luftverkehrsgesetz verpflichtet, die Fluggäste gegen Unfälle zu versichern. Die Versicherungssumme

[26] Giemulla/Lau/Barton, § 43 Luftverkehrsgesetz, Rd.-Nr. 1.

[27] vgl. dazu die Kommentierung bei Giemulla/Lau/Barton, § 43 Luftverkehrsgesetz, Rd.-Nr. 18.

[28] Giemulla/Lau/Barton, § 43 Luftverkehrsgesetz, Rd.-Nr. 1.

beträgt 35.000,00 DM je Fluggast. Sofern aus der Versicherung geleistet wird, wird die Zahlung auf den Schadensersatzanspruch des Passagiers gegen den Luftverkehrsunternehmer angerechnet. Die Unfallversicherung dient dem Schutz des Fluggastes[29]. Der Passagier soll auch dann eine Entschädigung erhalten, wenn sein Schadensersatzanspruch gegen den Luftverkehrsunternehmer nicht sofort feststellbar oder beweisbar ist[30]. Da es sich um eine Versicherung für fremde Rechnung handelt, sind die §§ 75 bis 79 VVG entsprechend anzuwenden[31]. Eine andere Sicherungsform sieht das Gesetz nicht vor.

C. Die Bankbürgschaft als Mittel zur Erfüllung der Pflichtversicherung

Die vorstehende Untersuchung hat ergeben, daß die einzelnen Gesetze, die eine Pflichtversicherung normieren, die Stellung einer Bankbürgschaft zur Erfüllung einer Versicherungspflicht nicht vorsehen. Zu untersuchen ist deshalb, ob de lege ferenda die Bankbürgschaft zuzulassen ist.

Der Zweck der gesetzlichen Pflichtversicherung liegt, wie oben dargelegt[32], im Schutz desjenigen, der durch ein Verhalten des Versicherten geschädigt worden ist, davor, daß dieser seiner Schadensersatzverpflichtung aus finanziellen Gründen nicht nachkommen kann. Für den Geschädigten steht deshalb die Absicherung des Insolvenzrisikos des Schädigers durch den Versicherungsvertrag im Vordergrund.

Daraus ergibt sich, daß die Eigendeckung zur Absicherung der Schadensersatzforderung geeignet ist, wenn sichergestellt wird, daß im Schadensfall die Entschädigungssumme ungefährdet für den Geschädigten bereitsteht. Deshalb ist eine Eigendeckung nur geeignet, wenn das Insolvenzrisiko des Schädigers ausgeschaltet wird.

Will der zur Versicherung Verpflichtete eine Eigendeckung vornehmen, so ist zunächst Voraussetzung, daß er über die erforderlichen finanziellen Mittel verfügt und während der Laufzeit der Versicherungspflicht ständig zur Absicherung eines möglichen Schadens bereit hält. Sinnvoll ist die Eigendeckung damit nur, wenn die Verpflichteten in der Lage sind, die, je nach Gesetz unterschiedlichen, erheblichen finanziellen Mittel für den Sicherungsfall vorzuhalten.

---

29 Giemulla/Lau/Barton, § 50 Luftverkehrsgesetz, Rd.-Nr. 2.

30 BGH, NJW 1963, S. 1925; BGH NJW 1979, S. 944 (944); Giemulla/Lau/Barton, § 50 Luftverkehrsgesetz, Rd.-Nr. 2.

31 Giemulla/Lau/Barton, § 50 Luftverkehrsgesetz, Rd.-Nr. 4.

32 s. S. 95.

Im Bereich der Pflichtversicherung der Notare, der Rechtsanwälte und Wirtschaftsprüfer ist zu erwarten, daß ein Teil des Personenkreises durchaus in der Lage ist, die jeweilige Deckungssumme von DM 500.000,00, sei es in Bargeld, Wertpapieren oder Immobilien zur Absicherung möglicher Regreßansprüche zur Seite zu stellen.

Um sicherzustellen, daß die Eigendeckung zur Erfüllung einer Versicherungspflicht auch ständig bereitgehalten wird, bietet sich als Sicherungsmittel die Stellung einer Bankbürgschaft an. Die Bank wird nach Übernahme der Bürgschaft darauf achten, daß der Verpflichtete ausreichend Mittel zur Eigendeckung bereithält, damit sie im Schadensfall zur Erfüllung ihres Rückgriffsanspruches auf die Mittel zugreifen kann. Dabei muß sie berücksichtigen, daß auch eine mehrmalige Inanspruchnahme aus der Bürgschaft, z.B. bei mehreren zeitgleichen Schadensfällen möglich ist.

Der mögliche Geschädigte wird durch die Stellung einer Bankbürgschaft im Verhältnis zum Abschluß einer Pflichtversicherung nicht schlechter gestellt, da die Bank ihm das Insolvenzrisiko des Schädigers abnimmt. Voraussetzung für einen wirksamen Schutz durch die Bürgschaft ist aber, daß die Voraussetzungen der §§ 158 c — 158 k VVG eingehalten werden.

Aus Kostengründen kann die Bürgschaft günstiger sein als der Abschluß einer entsprechenden Versicherung. Für eine Deckungssumme von 500.000,- DM beträgt die Prämie ca. 1.200,- DM jährlich. Dies entspricht einer Avalprovision von 0,24 %. Bei einer vollen Unterlegung der Bürgschaftssumme durch vollwertige Sicherheiten sind Avalprovisionen in Höhe von 0,125 % durchaus banküblich.

De lege ferenda wird deshalb empfohlen, die Eigendeckung zur Absicherung der Schadensersatzansprüche gegen Rechtsanwälte, Notare und Wirtschaftsprüfer zuzulassen.

Teil IV: Die Freistellungs- und Gewährleistungsverpflichtung als Deckungsvorsorge

A. Einleitung

In mehreren deutschen Gesetzen findet sich eine Verpflichtung zur Bildung einer Deckungsvorsorge. Zu nennen sind hier das Atomgesetz, das Arzneimittelgesetz, das Umwelthaftungsgesetz und das Gentechnikgesetz. In diesen Gesetzen wird der jeweilige Anlagenbetreiber bzw. pharmazeutische Unternehmer verpflichtet, zur Deckung möglicher Schäden Vorsorge zu treffen. Diese Dekkungsvorsorge kann auf verschiedene Arten erbracht werden: durch Abschluß einer Haftpflichtversicherung, durch die Freistellungs- oder Gewährleistungsverpflichtung eines Bundes oder eines Landes bzw. eines Kreditinstitutes, wobei die einzelnen Gesetzestexte nicht jede der eben erwähnten Möglichkeiten im jeweiligen Gesetz zulassen.

B. Gesetzlich angeordnete Deckungsvorsorge

I. Deckungsvorsorge nach dem Atomgesetz

Das Gesetz über die friedliche Verwendung der Kernenergie und den Schutz gegen ihre Gefahren (Atomgesetz) will die Erforschung, Entwicklung und Nutzung der Kernenergie zu friedlichen Zwecken fördern, sowie Leben, Gesundheit und Sachgüter vor den Gefahren der Kernenergie schützen und etwaige durch Kernenergie oder Strahlen verursachte Schäden ausgleichen. Wegen der besonderen Höhe möglicher Schadensersatzforderungen gegen den Betreiber sieht das Gesetz eine Pflicht zur Vorsorge für die Erfüllung gesetzlicher Schadensersatzverpflichtungen (Deckungsvorsorge) in § 13 Abs. I S. 1 Atomgesetz vor.

Die Schaffung der Deckungsvorsorge ist Teil des Genehmigungsverfahrens nach dem Atomgesetz bzw. der Strahlenschutzverordnung[1]. Falls keine Dekkungsvorsorge erbracht wird, darf die erforderliche atomrechtliche Genehmigung nicht erteilt werden. Nach § 13 Abs. V Atomgesetz beschränkt sich die Pflicht zur Stellung der Deckungsvorsorge auf die Erfüllung gesetzlicher Scha-

[1] Haedrich, § 13 Atomgesetz, Rd.-Nr. 5; StrahlenschutzVO vom 13.10.1976, BGBl. I, S. 2905, i.d.F.d.B.v. 30.06.1989, BGBl. I, S. 1321/1926.

densersatzverpflichtungen. Vertragliche Verpflichtungen müssen nicht unter Deckung genommen werden[2].

1. *Deckungsvorsorge durch Versicherung*

Die Deckungsvorsorge kann nach § 14 Abs. I Atomgesetz durch Abschluß einer entsprechenden Haftpflichtversicherung oder aber nach § 14 Abs. II Atomgesetz durch eine Freistellungs- oder Gewährleistungsverpflichtung eines Dritten erbracht werden. Die Verwaltungsbehörde hat im Genehmigungsverfahren Art, Umfang und Höhe der Deckungsvorsorge festzusetzen. Zur Konkretisierung der Vorschriften des Atomgesetzes über die Deckungsvorsorge hat die Bundesregierung gemäß der Ermächtigung in § 13 Abs. III und § 54 Abs. I und II Atomgesetz die Verordnung über die Deckungsvorsorge nach dem Atomgesetz (AtDeckVO)[3] erlassen. Die von der Verwaltungsbehörde festzusetzende Höhe der Deckungsvorsorge wird durch § 13 Abs. III S. 2 Atomgesetz auf 500 Mio. DM begrenzt. Aufgrund der Höhe der Versicherungssumme haben sich die Versicherer, die auf dem Gebiet der Kernenergie tätig sind, in der „Deutsche-Kernreaktor-Versicherungsgemeinschaft" (DKVG) zusammengeschlossen[4].

2. *Deckungsvorsorge durch Freistellungs- oder Gewährleistungsverpflichtung eines Dritten*

Die Übernahme einer Freistellungs- oder Gewährleistungsverpflichtung durch den Bund oder ein Land kommt dann in Betracht, wenn an dem die Deckung stellenden Unternehmen oder der Forschungseinrichtung der Bund oder das Land beteiligt sind[5].

Soweit ersichtlich ist bisher die Möglichkeit der Erbringung der Deckungsvorsorge durch die Freistellungs- oder Gewährleistungsverpflichtung eines Kreditinstitutes von den Betreibern der Atomanlagen nicht genutzt worden.

§ 1 S. 2 AtDeckVO sieht die Möglichkeit vor, die verschiedenen Vorsorgemaßnahmen miteinander zu kombinieren[6].

---

[2] Haedrich, § 13 Atomgesetz, Rd.-Nr. 7.

[3] vom 25.01.1977, BGBl I, S. 220.

[4] Haedrich, § 13 Atomgesetz, Rd.-Nr. 22, m.w.N., insbesondere zum System der Versicherung; Fischerhof, § 13 Atomgesetz,Rd.-Nr. 10.

[5] Fischerhof, § 14 Atomgesetz, Rd.-Nr. 12.

[6] vgl. dazu die Kritik von Fischerhof, § 14 Atomgesetz, Rd.-Nr. 9, der meint, die Kombination würde den Schutz des Geschädigten gefährden, da es zu Abgrenzungsschwierigkeiten zwischen der Haftpflichtversicherung und der Freistellungs- und Gewährleistungsverpflichtung kommen könnte.

II. Deckungsvorsorge nach dem Arzneimittelgesetz

Das Recht der Arzneimittel wurde erst 1961 gesetzlich geregelt. Durch die Contergan-Katastrophe[7], die Menocil-Affäre und das Estil-Urteil des BGH[8] wurde die breite Öffentlichkeit auf die Risiken von Arzneimitteln aufmerksam gemacht. Die Bewältigung dieser Ereignisse zeigte eklatante Mängel der Arzneimittel-Sicherheit, aber auch der finanziellen Bewältigung von Schäden auf.

Der wissenschaftliche Fortschritt hat zur Entwicklung neuer Herstellungsmethoden, vor allem aber zur Entstehung zahlreicher neuer chemischer Verbindungen geführt, die medizinische Wirkungen und Nebenwirkungen haben[9]. Mit der Neufassung des Arzneimittelgesetzes von 1976 hat der Gesetzgeber versucht, durch eine inhaltliche und systematische Umgestaltung des Arzneimittelrechtes die Arzneimittel-Sicherheit zu erhöhen[10]. Die Zielsetzung des Gesetzgebers wird durch verschiedene neue gesetzliche Maßnahmen erreicht. Dies beginnt mit dem Erfordernis einer Herstellungserlaubnis, setzt sich in einem aufwendigen, mehrstufigen Zulassungsverfahren für neue Arzneimittel fort und endet mit der laufenden Überwachung der im Handel befindlichen Präparate durch das Bundesgesundheitsamt[11].

Trotz des oben aufgezeigten aufwendigen Prüfungsverfahrens lassen sich Schäden durch die Anwendung von Arzneimitteln nicht ausschließen[12]. Zum Schutz desjenigen, der durch Arneimittel einen Schaden erleidet, trifft das Arzneimittelgesetz eine ausführliche Haftungsregelung. Der Gesetzgeber hat sich mit der Regelung des § 88 AMG für eine verschuldensunabhängige Gefährdenshaftung in Form der Produzentenhaftung entschieden[13]. Damit wurde zunächst bezweckt, den Geschädigten von der Pflicht des Verschuldensnachweises zu befreien[14]. Hauptproblem der Regelung des allgemeinen Deliktsrechtes des BGB für den Fall der Arzneimittelhaftung war die Exkulpationsmöglichkeit des § 831 Abs. I S. 2 BGB[15]. Dadurch kam es zu einer Umkehr der Haftung auf die richtige Auswahl der Mitarbeiter des pharmazeutischen Unternehmens. Mit dieser Regelung war dem besonderen Gefährdungspotential der Arzneimittel nicht

---

[7] Eine ausführliche Darstellung der Ereignisse von 1957 (Herausgabe des Präparates), 1959 (erste Verdachtshinweise) und dem 27.11.1961 (Herausnahme von Contergan aus dem Markt) findet sich bei Beyer, S. 1 ff.

[8] BGHZ 59, 172 ff.

[9] Münchener Rückversicherung, a.a.O, S. 7.

[10] Etmer/Bolck, Vorwort zum Kommentar.

[11] vgl. dazu: Münchener Rückversicherung, S. 11.

[12] bei Münchener Rückversicherung, S. 61 f., findet sich eine Auflistung der Großschäden durch Arzneimittel.

[13] Kloesel/Cyran, § 84 AMG, Vorbem.

[14] Etmer/Bolck, § 84 Arzneimittelgesetz, Anm. 1 a.

[15] vgl. dazu Etmer/Bolck, § 84 Arzneimittelgesetz, Anm. 1 a.

beizukommen[16]. Dies gilt besonders für Schäden, die auf eine fehlerhafte Entwicklung eines Arzneimittels (sog. Entwicklungsschaden) zurückzuführen sind[17].

Schließlich sei auf die besonderen Gefahren durch Ausreißer in der Produktion und fehlerhafte Zutaten der Arzneimittel hingewiesen. Etmer/Bolck[18] weisen zutreffend darauf hin, daß gerade der letztgenannte Fall das größte Gefährdungspotential aufweist. Die Schutzmaßnahmen der Hersteller und die präventiven Prüfungsmöglichkeiten des Bundesgesundheitsamtes beim Zulassungsverfahren müssen hier versagen, da es nicht möglich ist, jede einzelne Medikamentenpackung auf die richtige Dosierung und Wirksamkeit zu untersuchen.

Das Problem der finanziellen Bewältigung einer Arzneimittelkatastrophe soll am Beispiel des Contergan-Falles aufgezeigt werden. Durch die Einnahme von Thalidomid sind weltweit ca. 2.500 Personen geschädigt worden, davon ca. 180 aus ausländischen Staaten[19]. Nachdem im ersten Verfahren die Probleme um den Kausalitätsnachweis deutlich wurden, akzeptierte die betroffene Firma Chemie Grünenthal GmbH in Stolberg ohne Anerkennung einer Rechtspflicht einen Vergleich in Höhe von 100 Mio. DM zur Abgeltung aller Schäden, die durch die Einnahme von Contergan entstanden waren. Die zahlreichen ausländischen Lizenznehmer wurden darüber hinaus ebenfalls von Geschädigten in Anspruch genommen und mußten erhebliche Haftungssummen aufbringen[20].

Zur Durchführung des Vergleiches in Deutschland wurde per Gesetz[21] die Stiftung „Hilfswerk für behinderte Kinder" errichtet, um den Ansprüchen der geschädigten Kinder ansatzweise gerecht zu werden. Aufgabe dieser Stiftung ist es, Leistungen an durch Thalidomid-haltige Präparate Behinderte zu erbringen. Neben den oben genannten 100 Mio. DM der Firma Chemie Grünenthal GmbH erhielt die Stiftung weitere 50 Mio DM aus Mitteln des Bundes zur Zahlung an die Betroffenen (§ 12 i.V.m. § 4 Abs. I Nr. 2 des Gesetzes).

Die Firma Chemie Grünenthal GmbH hat keine Angaben über die Gesamthöhe ihres Schadens durch den Contergan-Fall gemacht. Dieser geht aber über die genannten 100 Mio. DM hinaus. Zu nennen sind hier z.B. die hohen Prozeß-

---

16 Kloesel/Cyran, § 84 AMG, Vorbem.

17 Sander, § 84 AMG.

18 Etmer/Bolck, § 84 AMG, Anm. 1 a.

19 Böhm, S. 14.

20 vgl. dazu Beyer, S. 355 ff. Aufschlußreich ist dabei insbesondere der Verlauf des Verfahrens in England. Der dortige Lizenznehmer, die Distellers Company Biochemicals Ltd., wehrte sich lange gegen die Zahlung einer Entschädigung. Erst durch den Druck der Öffentlichkeit, der Großhändler und schließlich ihrer eigenen Aktionäre kam es zu einer Entschädigungszahlung von 28,4 Mio. englische Pfund (Beyer, S. 368).

21 vom 17.12.1971, BGBl I, S. 2018.

und Rechtsberatungskosten, sowie die nicht bekannten Verluste durch Umsatzeinbußen infolge der Prozesse.

Das vorgenannte Beispiel verdeutlicht, daß allein die Regelung der Haftungsfrage dem Grunde nach nicht ausreicht, die finanziellen Ansprüche der Betroffenen zu befriedigen. Erforderlich ist auch die Lösung der finanziellen Probleme bei Schadensersatzzahlungen in derartigen Größenordnungen[22]. Die Firma Chemie Grünenthal GmbH war zwar haftpflichtversichert, der Versicherungsschutz erstreckte sich jedoch nur auf 500.000,00 DM pro Schadensereignis[23]. Die Versicherung stellte sich auf den Standpunkt, der gesamte Komplex sei als ein Schadensereignis anzusehen, so daß lediglich eine Zahlung von etwa 600.000,00 DM seitens der Versicherung erfolgte[24].

Haftungsforderungen in derartiger Höhe stellen jedes Unternehmen vor erhebliche Schwierigkeiten. Nicht jedes pharmazeutische Unternehmen ist in der Lage, aus seinem Eigenkapital Millionenansprüche zu befriedigen. Um die Durchsetzbarkeit eines Schadensersatzanspruches sicherzustellen, wurden im Gesetzgebungsverfahren zur Neufassung des Arzneimittelgesetzes drei verschiedene Lösungsmodelle diskutiert[25]:

⇒ Bildung eines Arzneimittelentschädigungsfonds nach dem Modell der Verkehrsopferhilfe (§ 12 Pflichtversicherungsgesetz)

⇒ Bildung eines Versicherungsvereins auf Gegenseitigkeit, dem alle Pharmaunternehmen angehören sollten oder

⇒ Einführung des Deckungsvorsorgemodells entsprechend der Regelung des Atomgesetzes.

Das Arzneimittelrecht übernahm schließlich in § 94 Arzneimittelgesetz das Deckungsvorsorgemodell. Nach § 94 Abs. I S. 3 Nr. 1 Arzneimittelgesetz ist der pharmazeutische Unternehmer verpflichtet, durch Abschluß einer Haftpflichtversicherung Vorsorge für den Ersatz von Schäden durch seine Präparate zu treffen. Die Versicherungssumme muß dabei nach § 88 Nr. 1 und Nr. 2 Arzneimittelgesetz mindestens 1 Mio. DM bei Verletzung oder Tötung eines Menschen und bei mehreren Betroffenen mindestens 200 Mio. DM betragen. Nach § 94 Abs. I S. 3 Nr. 2 Arzneimittelgesetz ist es zulässig, die Vorsorge auch durch eine Freistellungs- oder Gewährleistungsverpflichtung eines inländischen oder europäisches Kreditinstitutes zu erbringen.

---

22 Münchener Rückversicherung, S. 15.

23 Beyer, S. 201.

24 Beyer, S. 202.

25 vgl. dazu Etmer/Bolck, § 84 Arzneimittelgesetz, Anm. 1 d mit Nachweisen auf die jeweiligen Fundstellen.

Durch die Deckungsvorsorge soll die problemlose Abwicklung eines Schadensersatzfalles auch für den Fall der (drohenden) Insolvenz des pharmazeutischen Unternehmers sichergestellt werden.

1. Deckungsvorsorge durch Versicherungen

Durch die Neuregelung des Arzneimittelgesetzes ist jeder pharmazeutische Unternehmer zur Deckungsvorsorge verpflichtet. Der Gesetzgeber hatte in § 88 Arzneimittelgesetz eine Haftungshöchstgrenze von 200 Mio. DM festgelegt. Bei der Bemessung dieser Summe hatte er erkennbar das Schadensvolumen des Contergan-Falles vor Augen. Die mögliche immense Schadenshöhe und die nicht einschätzbare Wahrscheinlichkeit des Eintritts von Schadensfällen[26] stellte die Versicherungsbranche vor erhebliche Probleme bei der Einschätzung des Risikos und der Kalkulation der Prämien.

Die Höhe der erforderlichen Haftungssumme von 200 Mio. DM pro Arzneimittel war für ein einzelnes Versicherungsunternehmen ohne Rückversicherung nicht leistbar. Zudem führt eine Versicherung von 200 Mio. DM zu erheblichen Versicherungsprämien, die auf die Arzneimittelpreise umgelegt worden wären und damit letztlich von den Krankenkassen in ihrer Eigenschaft als Gemeinschaft der Versicherten zu finanzieren gewesen wären. Damit hätten die Verbraucher für den Schutz vor Insolvenz der Pharmaunternehmen erhebliche Zahlungen aufwenden müssen. Um dies zu vermeiden, haben die Pharmaindustrie und die Versicherungsbranche ein einheitliches Versicherungssystem erarbeitet[27]. Danach wird der zu versichernde Betrag in zwei Tranchen von 10 Mio. DM und 190 Mio. DM aufgeteilt[28]. Die ersten 10 Mio. DM deckt die jeweilige Versicherungsgesellschaft des Pharmaunternehmens als Erstversicherer selbst ab[29]. Die übrigen 190 Mio. DM werden in einen Rückversicherungspool — die am 08.10.1976 gegründete Pharmarückversicherungsgemeinschaft (Pharma-Pool) — eingebracht.

Durch diese Regelung wird zum einen das Risiko aus Arzneimittelschäden überhaupt versicherbar. Zum anderen sind von der erstrangigen Versicherung alle kleinen und mittleren Schäden erfaßt, so daß die Inanspruchnahme des Pharma-Pools die Ausnahme bleiben sollte[30].

Die Prämien für die erste Tranche werden nach dem Umsatz des jeweiligen Arzneimittels berechnet. Sie liegen mittlerweile bei ca. 0,03 % des Umsatzes[31]

---

[26] Etmer/Bolck, § 94 Arzneimittelgesetz, Anm. 1 b.

[27] Etmer/Bolck, § 94 Arzneimittelgesetz, Anm. 3; Sander, § 94 Arzneimittelgesetz, Anm. 5.

[28] Etmer/Bolck, § 94 Arzneimittelgesetz, Anm. 3; Sander, § 94 Arzneimittelgesetz, Anm. 5.

[29] Etmer/Bolck, § 94 Arzneimittelgesetz, Anm. 3; Sander, § 94 Arzneimittelgesetz, Anm. 5.

[30] Etmer/Bolck, § 94 Arzneimittelgesetz, Anm. 3.

[31] Etmer/Bolck, § 94 Arzneimittelgesetz, Anm. 3.

und haben damit ein für die Beteiligten tragbares Ausmaß erreicht. Bezüglich der ersten Tranche richtet sich die Prämienhöhe nach der durch den Wettbewerb der Versicherungsunternehmen beeinflußten Risikoeinschätzung.

Die Prämien der zweiten Tranche wurden vom Pharma-Pool festgelegt[32]. Ein Wettbewerb bezüglich der Versicherungsbedingungen und der Prämienhöhe findet somit nicht statt[33]. Die Prämiensätze staffeln sich nach dem Umsatz und der Art und Gefährlichkeit des Arzneimittels.

2. Deckungsvorsorge durch Freistellungs- oder Gewährleistungsverpflichtung eines inländischen Kreditinstitutes

Die vom Gesetz gewollte Gleichberechtigung der Erbringung der Deckungsvorsorge durch Versicherungen und Kreditinstitute ist von der Praxis nicht angenommen worden[34]. Derzeit wird in keinem Fall Deckungsvorsorge durch die Stellung einer Freistellungs- oder Gewährleistungsverpflichtung eines Kreditinstitutes erbracht. Die vermeintliche Zurückhaltung der Kreditwirtschaft liegt in der Höhe der zu erbringenden Deckungssumme begründet[35].

III. Deckungsvorsorge nach dem Umwelthaftungsgesetz

Das am 01.01.1991 in Kraft getretene Umwelthaftungsgesetz[36] führt eine verschuldensunabhängige Gefährdungshaftung für Personen- und Sachschäden, die auf Umwelteinwirkungen bestimmter Anlage beruhen, ein. Potentielle Haftungsschuldner sind alle Betreiber der in Anlage 1 zu dem Gesetz aufgeführten Anlagen. Die Haftung gilt nicht nur für betriebene Anlagen, sondern auch für noch nicht fertiggestellte — oder besonders wichtig — für stillgelegte Anlagen.

Voraussetzung für eine Haftung ist, daß durch den Betrieb der Anlage nach dem Inkrafttreten des Gesetzes (01.01.1991) eine Umwelteinwirkung hervorgerufen wurde und dadurch ein Schaden entstanden ist. Gehaftet wird für Sach-

---

[32] Etmer/Bolck, § 84 Arzneimittelgesetz, Anm. 3 b; Sander, § 94 Arzneimittelgesetz, Anm. 6; die Prämientabelle ist abgedruckt bei Sander, § 94 Arzneimittelgesetz, Anm. 6.

[33] Zu den zutreffenden wettbewerbsrechtlichen Bedenken gegen diese Regelung vgl. Etmer/Bolck, § 94 Arzneimittelgesetz, Anm. 4 c; Sander, § 94 Arzneimittelgesetz, Anm. 6.

[34] Etmer/Bolck, § 94 Arzneimittelgesetz, Anm. 2 d; Sander, § 94 Arzneimittelgesetz, Anm. 6; vgl. dazu auch Landsberg/Lülling, § 36 Gentechnikgesetz, Rd.-Nr. 23, die auf den Bericht der Bundesregierung über die Erfahrung mit dem Arzneimittelgesetz verweisen (BT — Drucksache 9-1355, S. 29 f.).

[35] Etmer/Bolck, § 94 Arzneimittelgesetz, Anm. 2 d.

[36] vom 14.12.1990 BGBl I S. 2624 ff.

oder Personenschäden. Entsprechend den Regelungen der Mehrzahl anderer Gefährdungshaftungen kann sich ein Schmerzensgeldanspruch nur nach den allgemeinen Vorschriften des BGB (§ 847 Abs. I BGB) ergeben[37].

Neu ist die weitergehende Haftung, die sich auf Schäden erstreckt, die durch den störungsfreien Normalbetrieb entstehen. Ein schadensverursachendes Verhalten innerhalb der Grenzen der jeweiligen behördlichen Genehmigungen und Auflagen kann deshalb Haftungsansprüche auslösen. Das Umwelthaftungsgesetz schreibt eine Ursachenvermutung fest, d.h. ein Geschädigter muß lediglich nachweisen, daß der konkrete Betrieb der Anlage geeignet ist, den entstandenen Schaden zu verursachen (§ 6 Abs. I S. 1 Umwelthaftungsgesetz). Die Ursachenvermutung kann grundsätzlich nicht durch den Verweis auf eine benachbarte ähnliche Anlage abgewendet werden (§ 7 Abs. I S. 1 Umwelthaftungsgesetz). Eine Mehrheit von Ersatzpflichtigen haftet als Gesamtschuldner. Allerdings greift die genannte Ursachenvermutung dann nicht ein, wenn der Inhaber der Anlage nachweisen kann, daß seine Anlage im Normalbetrieb gearbeitet hat (§ 6 Abs. II S. 1 Umwelthaftungsgesetz). Dieser sogenannte Normalbetrieb, ein zentraler Begriff des neuen Umwelthaftungsgesetzes und einer der Kernpunkte der Kritik an dem System der Umwelthaftung[38], liegt vor, wenn eine Anlage störungsfrei und in Übereinstimmung mit den den Betrieb der Anlage regelnden Bestimmungen arbeitet (§ 6 Abs. II S. 2 Umwelthaftungsgesetz).

Die ursprüngliche Unterscheidung zwischen Deliktsrecht einerseits und Nachbarrecht andererseits wurde im Sinne einer quasi Gefährungshaftung letztlich verringert[39]. Insoweit ist die normierte Gefährdungshaftung des Umwelthaftungsgesetzes nichts grundsätzlich Neues.

Teilweise bleibt die Haftung nach dem Umwelthaftungsgesetz wegen ihres Charakters als Gefährdungshaftung hinsichtlich der Rechtsfolgen hinter den auch weiter anwendbaren Haftungsregeln des BGB, des BImSchG und des Wasserrechtes zurück. So gibt es kein Schmerzensgeld, die Haftung ist, wie in anderen Haftpflichtgesetzen auch, auf einen Höchstbetrag (hier 160 Mio. DM) beschränkt. Eine derartige Haftungsbegrenzung kennt das BGB nicht. Schäden nach dem Umwelthaftungsgesetz müssen auf einem der drei Umweltpfade (Boden, Wasser oder Luft) bewirkt worden sein; die Haftungsregeln nach dem BGB, BImSchG und dem Wasserrecht kannten diese Eingrenzung nicht. Sofern ein aufgetretener Schaden keinem bestimmten Verursacher, sondern nur einer Viel-

---

[37] erforderlich für einen Schmerzensgeldanspruch ist immer ein Verschulden des Täters (Schädigers).

[38] Breining, ZfVersWiss 1990, S. 193 ff. (198); Grell VW 1987, S. 1509 ff. (1511 f., 1515); Mehlhorn, VW 1988, S. 596 ff. (596); Nickel, VW 1988, S. 600 ff. (606 f.); Wagner, VersR 1991, S. 249 ff. (254); derselbe, VersR 1992, S. 261 ff. (264).

[39] Schmidt/Leithoff, a.a.O.

zahl von Verursachern zuzurechnen ist, kommt eine Haftung nach dem Umwelthaftungsgesetz nicht in Betracht[40]. Dies gilt z.B. für Schäden an Gebäuden oder Wäldern durch die allgemeine Luftverschmutzung.

Um die Entschädigung der Opfer eines Umweltschadens sicherzustellen, hat der Gesetzgeber in § 19 Abs. I Umwelthaftungsgesetz die Verpflichtung zur Deckungsvorsorge festgeschrieben. Dieses System der Deckungsvorsorge wurde erstmals im Atomgesetz, dann im Arzneimittelgesetz und schließlich im Gentechnikgesetz eingeführt. Gemäß § 19 Abs. II Nr. 2 u. 3 Umwelthaftungsgesetz soll entweder durch den Abschluß einer Haftpflichtversicherung bei einem im Geltungsbereich dieses Gesetzes zum Geschäftsbetrieb befugten Versicherungsunternehmen, durch eine Freistellungs- oder Gewährleistungsverpflichtung des Bundes oder eines Landes oder durch eine Freistellungs- oder Gewährleistungsverpflichtung eines im Geltungsbereich dieses Gesetzes zum Geschäftsbetrieb befugten Kreditinstitutes sichergestellt werden, daß im Schadensfall die Opfer tatsächlich entschädigt werden können. Angestrebt wird also die finanzielle Absicherung der möglichen Opfer.

1. Deckungsvorsorge durch Versicherungen

Die Neufassung des Umwelthaftungsrechtes hat innerhalb der Versicherungswirtschaft zu umfassenden Anstrengungen geführt, der Industrie eine entsprechende Versicherung anzubieten. Dabei ist die Umwelthaftpflichtversicherung nichts grundsätzlich Neues[41]. Durch die herkömmliche Betriebs- und Berufshaftpflichtversicherung in Kombination mit der Gewässerschadensversicherung (sog. WHG-Zusatzbedingungen) und den besonderen Bedingungen für die erweiterte Versicherung von Umweltschäden im Rahmen der Betriebshaftpflichtversicherung (Umweltpolice 1978) bestand schon ein gewisser Versicherungsschutz. Diese Versicherung soll durch das Umwelthaftpflichtmodell der Haftpflichtversicherer (Einheitsmodell) ersetzt werden[42]. Bei der Entwicklung des Einheitsmodells lag der Versicherungswirtschaft die noch zu erlassende Umwelthaftungsdeckungsverordnung nicht vor. Um trotzdem zu einem Ergebnis zu kommen, wurde der Referentenentwurf der Bundesregierung zur Gentechnikdeckungsverordnung zugrundegelegt[43] . Versichert ist nunmehr die privatrechtliche gesetzliche Haftpflicht des Versicherungsnehmers durch Umwelteinwirkung auf Boden, Luft oder Wasser durch Stoffe, Erschütterungen, Geräusche, Druck,

---

[40] Schmidt/Leithoff, a.a.O.

[41] Wagner, VersR 1992, S. 261 ff. (261).

[42] Meyer-Kahlen, PHI 1992, S. 126 ff. (126).

[43] Wagner, VersR 1992, S. 261 ff. (263).

Strahlen, Gase, Dämpfe oder sonstige Einwirkungen, die sich in Boden, Luft oder Wasser ausgebreitet haben[44].

Neben den Personen- und Sachschäden sind auch Vermögensschäden versichert, soweit es sich um die Verletzung von Aneignungsrechten, des Rechtes am eingerichteten und ausgeübten Gewerbebetrieb und von wasserrechtlichen Benutzungsrechten handelt[45]. Dieses Einheitsmodell bedarf der individuellen Anpassung, um die verschiedenen Risiken der unterschiedlichen Unternehmen zu erfassen. Erforderlich sind damit Individualvereinbarungen zwischen Unternehmen und Versicherungsgesellschaften. Letztlich wird eine derartige Regelung nur über den Preis, d.h. die Prämie für das jeweilige Risiko, möglich sein[46].

Zur Ermittlung der jeweiligen Prämie wird eine möglichst einzelfallgetreue Risikoerfassung und Bewertung angestrebt[47]. Durch die Versicherungsgesellschaft wird eine technische Risikoanalyse durchgeführt, bei der Sachverständige die einzelnen Risikofaktoren, wie die Art und Gefährlichkeit der eingesetzten Stoffe, Standortfragen, Nachbarschaft, Qualifizierung des Personals, Sicherungsmaßnahmen, meteorologische, geologische und hydrologische Verhältnisse zu prüfen haben[48]. Da die Frage der Versicherbarkeit Auswirkungen auf die technische Ausgestaltung eines Betriebes haben wird und über die Höhe der Prämie auch die Wirtschaftlichkeit der Unternehmung gesteuert werden kann, kommen auf die Haftpflichtversicherer noch großen Aufgaben zu[49].

2. Deckungsvorsorge durch Freistellungs- oder Gewährleistungsverpflichtungen von Bund, Land oder einem im Geltungsbereich des Gesetzes zum Geschäftsbetrieb befugten Kreditinstitutes

Eine Deckungsvorsorge durch Freistellungs- oder Gewährleistungsverpflichtung des Bundes oder eines Landes kommt insbesondere dann in Betracht, wenn die Einrichtung als rechtsfähige Anstalt des öffentlichen Rechts (mittelbare

---

[44] Meyer-Kahlen, PHI 1992, S. 126 ff. (126); die Versicherungsbedingungen zur Umwelthaftpflichtversicherung sind abgedruckt in VW 1992, S. 188 ff., mit Besprechung durch Reiff in VW 1992, S. 122 ff.

[45] Meyer-Kahlen, PHI 1992, S. 126 ff. (126); Wagner, VersR 1992, S. 261 ff. (263) unter Hinweis auf Ziff. 1.2. Umwelthaftpflichtmodell; vgl. dazu auch die Erläuterungen des HUK-Verbandes zu den Versicherungsbedingungen des Umwelthaftpflichtmodells in VW 1992, S. 192 ff. (192).

[46] Wagner, VersR 1992, S. 261 ff. (263).

[47] Wagner, VersR 1992, S. 261 ff. (263).

[48] Auf die wichtigsten Aspekte der Risikoanalyse und ihre Durchführung weist Martin, VW 1992, S. 602 ff. hin. Er hält eine korrekte Analyse durch die Umwelttechnik für durchführbar; vgl. dazu auch Breining, Handelsblatt vom 05.11.1992, S. B 7.

[49] Breining, Handelsblatt vom 05.11.1992, S. B 7; zum Stand des Umwelthaftungsrechts in den übrigen Ländern Europas vgl. Handelsblatt vom 20.01.1993, S. 21.

Staatsverwaltung)[50] betrieben wird oder aber der Staat sich einer Rechtsform des privaten Rechts, etwa einer GmbH oder eines e.V.[51], bedient. Hier kann der Staat das Interesse haben, für die rechtlich selbständige Einrichtung die Dekkungsvorsorge zu übernehmen. Diese Sachlage war Motivation des Gesetzgebers zur Aufnahme des § 19 Abs. II Nr. 2 Umwelthaftungsgesetz[52].

Ob bisher Deckungsvorsorgen durch Freistellungs- oder Gewährleistungsverpflichtungen eines Kreditinstitutes erbracht worden sind, ist nicht bekannt[53].

IV. Deckungsvorsorge nach dem Gentechnikgesetz

Den Zweck des Gentechnikgesetzes[54] hat der Gesetzgeber in § 1 Gentechnikgesetz festgelegt. Zum einen soll die Umwelt vor den Gefahren gentechnischer Verfahren und Produkte[55] geschützt werden, zum anderen soll der rechtliche Rahmen für die Beschäftigung mit der Gentechnik gelegt werden. Für Schäden aus gentechnischen Anlagen führt das Gesetz eine Kombination aus Gefährdungshaftung (§ 32 GenTG) und Schadensvermutung (§ 34 GenTG) ein. Eine gesetzlich umschriebene Gefahr (das besondere Risiko) ist Grundlage der Haftung[56]. Der Beweis der Kausalität, das tatsächliche Problem des Geschädigten, wird durch das System der Kausal-Vermutungshaftung erleichtert[57]. Der Geschädigte muß gemäß § 34 Abs. I GenTG den Kausalzusammenhang zwischen dem schädigenden Organismus, der Verletzung und dem Schaden beweisen. Dann greift die Vermutung ein, daß Verletzung und Schaden auf gentechnischen Arbeiten beruhen[58]. Das jeweilige Risikopotential einer gentechnischen Anlage oder eines gentechnischen Verfahrens kann unterschiedlich groß sein. Dies führt dazu, daß die jeweilige Anlage oder das Verfahren in einer der vier Si-

---

[50] vgl. dazu Ossenbühl in Isensee/Kirchhoff, § 66 Rd.-Nr. 15.

[51] Die Max-Planck-Gesellschaft z.B. wird in Form eines e.V. bei weitgehend staatlicher Finanzierung betrieben.

[52] vgl. dazu: Landsberg/Lülling, § 19 Umwelthaftungsgesetz, Rd.-Nr. 15; Peter in Salje, § 19 Umwelthaftungsgesetz, Rd.-Nr. 11.

[53] Peter in Salje, § 19 Umwelthaftungsgesetz, Rd.-Nr. 15; vgl. auch Paschke, § 19 Umwelthaftungsgesetz, Rd.-Nr. 12.

[54] Gesetz vom 20.06.1990, BGBl I, S. 1080, geändert durch Einigungsvertrag vom 31.08.1990, BGBl II, S. 889, 1087 ber S. 1245.

[55] zur Haftung nach bisherigem Recht bei Schäden durch gentechnisch unveränderte Mikroorganismen vgl. Deutsch, NJW 1990, S. 751 f.

[56] Deutsch, NJW 1992, S. 73 ff. (76).

[57] Deutsch, NJW 1992, S. 73 ff. (76), der den Beweis der Kausalität als Haftungsschwelle bezeichnet.

[58] Deutsch, NJW 1992, S. 73 ff. (77), der den Begriff „Zurechnungszusammenhangsvermutung“ hier einführt.

cherheitsstufen nach § 7 Abs. I Nr. 1 bis 4 GenTG zu erfassen sind. Die Einstufung in die Sicherheitsstufen hat Einfluß auf die Anwendung der einzelnen Vorschriften des Gentechnikgesetzes. Je größer das Risiko ist, um so strenger sind die Anforderungen des Gesetzes.

Auch das Gentechnikgesetz sieht eine Verpflichtung zur Deckungsvorsorge vor. In § 36 Abs. I GenTG wurde die Bundesregierung zum Erlaß einer Rechtsverordnung ermächtigt, in der die Tatbestände, die Art und Höhe der Deckungsvorsorge zu regeln sind. Dabei muß gemäß § 36 Abs. I S. 1 GenTG Deckungsvorsorge für die Anlagen der Sicherungsstufe 2 bis 4 und für Freisetzungen gentechnisch veränderter Organismen erbracht werden. Das Gesetz sieht die Möglichkeit vor, die Deckungsvorsorge durch eine Haftpflichtversicherung, eine Freistellungs- oder Gewährleistungsverpflichtung eines Bundes oder eines Landes (§ 36 Abs. II S. 1 Nr. 2 GenTG) oder eine Freistellungs- oder Gewährleistungsverpflichtung eines Kreditinstitutes zu erbringen, wenn diese vergleichbare Sicherheiten wie die zuerst genannten Möglichkeiten bieten (§ 36 Abs. II S. 2 GenTG).

Zur Zeit liegt zur Ausfüllung dieser Ermächtigung ein Referentenentwurf der Bundesregierung für eine Gentechnikdeckungsverordnung (GenTDeckVO)[59] vor.

Danach kann die Deckungsvorsorge auch durch Freistellungs- oder Gewährleistungsverpflichtung eines Kreditinstitutes mit Sitz in der Europäischen Union oder mit einer Niederlassung im Inland erbracht werden[60].

C. Rechtsfragen der Freistellungs- und Gewährleistungsverpflichtung

I. Träger der Freistellungs- und Gewährleistungsverpflichtungen

Der Wortlaut der einzelnen Gesetzesvorschriften aus dem Atomgesetz, dem Arzneimittelgesetz, dem Umwelthaftungsgesetz und dem Gentechnikgesetz, trifft unterschiedliche Aussagen dazu, von wem Freistellungs- und Gewährleistungsverpflichtungen übernommen werden können. Das Atomgesetz spricht lediglich von einem Dritten, das Arzneimittelgesetz nur von einem inländischen Kreditinstitut, das Umwelthaftungsgesetz vom Bund und einem Land oder einem im Geltungsbereich des Gesetzes zugelassenen Kreditinstitutes und

---

59 abgedruckt bei Landsberg/Lülling, Teil B, Anhang zu § 36 Gentechnikgesetz.

60 Landsberg/Lülling, § 36 Gentechnikgesetz, Rd.-Nr. 23, weisen darauf hin, daß eine Überwachung derartiger Freistellungs- oder Gewährleistungsverpflichtungen mangels typisierten Vertragsinhaltes für die Aufsichtsbehörde schwierig sei.

schließlich das Gentechnikgesetz vom Bund oder einem Land oder einem Kreditinstitut.

Zu klären ist zunächst, welche Träger die Deckungsvorsorge stellen können, insbesondere, ob nach den einzelnen Gesetzen jeweils Kreditinstitute zugelassen sind.

1. Atomgesetz

Das Atomgesetz läßt Freistellungs- und Gewährleistungsverpflichtungen eines Dritten anstatt einer Haftpflichtversicherung zu (§ 14 Abs. II Atomgesetz), wenn diese Sicherheit die in § 14 Abs. I Atomgesetz genannten Verpflichtungen — im wesentlichen Anwendung der §§ 158 c bis 158 k VVG — sicherstellen. Das Gesetz selbst trifft keine Aussagen darüber, wer „Dritter" sein kann. Insoweit weicht es von den späteren Formulierungen in den anderen hier relevanten Gesetzen ab, wo zum Teil Kreditinstitute, zum Teil öffentlich-rechtliche Körperschaften als Dritte bezeichnet sind.

Die aufgrund der Ermächtigung in § 13 Abs. III Atomgesetz erlassene „Verordnung über die Deckungsvorsorge nach dem Atomgesetz" (AtomDeckVO)[61] enthält in ihrem § 3 zwar mehrere Regelungen über die Ausgestaltung der Freistellungs- und Gewährleistungsverpflichtung und die Bonität des „Dritten", jedoch keine Angaben darüber, wer Träger dieser Verpflichtung sein kann, bzw. welche Anforderungen — über die Bonität hinaus — an ihn zu stellen sind.

Fischerhof[62] weist darauf hin, daß grundsätzlich jede natürliche oder juristische Person Träger der Deckungsvorsorge sein könne, wenn sie die gleiche Sicherheit biete, wie ein Haftpflichtversicherer. Dies sei jedoch in der Regel nur dann der Fall, wenn der Bund oder ein Land die Freistellungs- oder Gewährleistungsverpflichtung übernehme[63].

Die Formulierung „in der Regel" entstammt der amtlichen Begründung[64] zu § 14 Atomgesetz. Der Gesetzgeber ging davon aus, daß derartige Freistellungs- oder Gewährleistungsverpflichtungen nur von öffentlichen Körperschaften übernommen werden können.

Damit spricht gegen die Zulassung von Kreditinstituten als Träger der Dekkungsvorsorge, daß Kreditinstitute nicht in den Text des Atomgesetzes oder der AtomDeckVO aufgenommen wurden, wie dies in den anderen Gesetzen (Arz-

---

[61] vom 25.01.1977, BGBl I S. 220.

[62] Fischerhof, § 14 Atomgesetz, Rd.-Nr. 12; ihm folgend Haedrich, § 13 Atomgesetz, Rd.-Nr. 24.

[63] Fischerhof, § 14 Atomgesetz, Rd.-Nr. 12; ihm folgend Haedrich, § 13 Atomgesetz, Rd.-Nr. 24.

[64] BT-Drucksache 3/759, S. 30.

neimittelgesetz, Umwelthaftungsgesetz, Gentechnikgesetz) der Fall ist. Zu berücksichtigen ist dabei allerdings, daß die eben genannten anderen Gesetze zeitlich erst nach dem Atomgesetz erlassen worden sind. Außerdem wird die Regelung des Atomgesetzes zur Deckungsvorsorge allgemein als Vorbild[65] für die Regelung in den anderen Gesetzen angesehen. Daraus ist zu schließen, daß der Gesetzgeber beim Erlaß der nachfolgenden Gesetze davon ausgegangen ist, daß auch Kreditinstitute Träger der Deckungsvorsorge sein können. Grundsätzlich sind Kreditinstitute unter den Begriff „Dritte" zu subsumieren. Hätte der Gesetzgeber die Kreditinstitute von der Freistellungs- und Gewährleistungspflichtübernahme ausgrenzen wollen, so hätte er dies in seiner Formulierung berücksichtigt. Zwar weist die amtliche Begründung darauf hin, daß in der Regel nur öffentlich-rechtliche Körperschaften Träger der Deckungsvorsorge sein können; die Bezeichnung „in der Regel" läßt aber ausdrücklich Ausnahmen zu.

Für eine Zulassung der Kreditinstitute als Träger der Deckungsvorsorge spricht auch, daß § 3 Abs. I AtomDeckVO Bestimmungen über die finanziellen Voraussetzungen beim vorgesehenen Träger der Deckungsvorsorge trifft. Danach muß der Dritte jederzeit in der Lage sein, seine Verpflichtungen aus der Übernahme der Deckungsvorsorge zu erfüllen. Eine derartige Vorschrift zur Bonität des Dritten wäre überflüssig, wenn lediglich die öffentlich-rechtlichen Körperschaften Bund und Länder als Dritte zugelassen wären, da deren Finanzkraft mangels Konkursfähigkeit unerschöpflich ist.

Ein weiteres Argument für die Zulässigkeit der Kreditinstitute als Träger der Deckungsvorsorge ergibt sich aus einem Vergleich der einzelnen hier genannten Gesetze. In den anderen Gesetzen ist, wie dargestellt, die Erbringung der Deckungsvorsorge durch Kreditinstitute zugelassen. Der gesetzgeberische Zweck der Verpflichtung zur Deckungsvorsorge ist bei diesen vier Gesetzen identisch. Hintergrund der Verpflichtung der Deckungsvorsorge ist nicht die mögliche Häufigkeit der Schäden, sondern die befürchtete Höhe des einzelnen Schadens[66]. In den vier Bereichen Atomanlagen, Arzneimittel, umweltrelevante Betriebe und Gentechnikanlagen steckt, wenn es zu einem Schadensfall kommt, ein erhebliches Schadenspotential. Im Schadensfall wird regelmäßig eine Vielzahl von unbeteiligten Personen geschädigt sein. Aus diesem Grund haben die Gesetze zwar unterschiedliche, letztlich aber jeweils sehr hohe Summen festgesetzt, die als Deckungsvorsorge vorliegen müssen. Sie variieren zwischen 160 Mio. DM nach dem Gentechnikgesetz und 500 Mio. DM nach dem Atomgesetz. Bei der Abfassung der Vorschriften zur Deckungsvorsorge hat der Gesetzgeber somit jeweils die gleiche Sachlage zugrundegelegt. Aus der ausdrück-

65 Etmer/Bolck, § 94 Arzneimittelgesetz, Anm. 1 a; Landsberg/Lülling, § 36 Gentechnikgesetz, Rd.-Nr. 1.

66 Hillermeier, 30, 7 h; Landsberg/Lülling, § 19 Umwelthaftungsgesetz, Rd.-Nr. 9; Schmidt/Leithoff.

lichen Benennung von Kreditinstituten in den späteren Gesetzen und der vergleichbaren Sach- und Interessenlage der Gesetze ist somit zu folgern, daß der Gesetzgeber — auch ohne ausdrückliche Erwähnung — Kreditinstitute als Träger der Deckungsvorsorge nach dem Atomgesetz zulassen wollte.

Weitere Voraussetzung ist, daß das Kreditinstitut die erforderliche Bonität aufweist. Wie oben dargestellt[67], haben Gerichte sich Gedanken über die Bonität eines Kreditinstitutes für Bürgschaften in Höhe von 2.000,00 DM gemacht. Bei einer Bürgschaftssumme von 77.000,00 DM ist ein Kreditinstitut nicht mehr als tauglicher Bürge zugelassen worden. Die Deckungsvorsorge nach dem Atomgesetz liegt jedoch in ganz anderen Größenordnungen. Hier muß eine Deckungsvorsorge in Höhe von 500 Mio. DM erbracht werden.

Läßt man die Deckungsvorsorge durch Kreditinstitute zu, muß sichergestellt sein, daß das Kreditinstitut die Verpflichtung auch erfüllen kann. Neben der Erfüllung der Verpflichtung aus eigenen Mitteln des Kreditinstitutes müssen dann auch Mittel des Gewerbetreibenden eingesetzt werden. Eine vollwertige Absicherung der Freistellungs- und Gewährleistungsverpflichtung aus Mitteln des Anlagenbetreibers ist deshalb zu fordern. Dieses entspricht dem Gedanken der Eigendeckung (d.h. der Erbringung der Deckungsvorsorge aus eigenen Mitteln des Anlagenbetreibers), den der Gesetzgeber bei der Zulassung der Möglichkeit der Erbringung der Deckungsvorsorge durch eine Freistellungs- oder Gewährleistungsverpflichtung eines Kreditinstitutes zugrundegelegt hat[68]. In der amtlichen Begründung[69] zur Regelung der Deckungsvorsorge nach dem Umwelthaftungsgesetz wird ausdrücklich darauf hingewiesen, daß den Unternehmen die Möglichkeit eröffnet werden soll, den eigenen Firmenwert (insbesondere den nicht bilanzierten, aber bewertbaren Good will) zur Deckung einzusetzen. Der Gesetzgeber wollte dem Unternehmen ermöglichen, die Deckungsvorsorge aus eigenen Mitteln zu erbringen. Nur zur Sicherstellung dieser Erbringung wurde die Freistellungs- und Gewährleistungsverpflichtung des Kreditinstitutes zugelassen[70]. Das Kreditinstitut soll sicherstellen, daß das Unternehmen auf Dauer die Eigendeckung aufrecht hält. Die Überwachungsaufgaben werden hier indirekt von der Aufsichtsbehörde auf das Kreditinstitut übertragen.

Da die Deckungsvorsorge in diesem Fall aus eigenen Mitteln des Anlagenbetreibers erbracht wird, kommt nur eine primäre Inanspruchnahme des Kreditinstitutes in Frage. Im Fall der Inanspruchnahme wird das Kreditinstitut beim betroffenen Unternehmen Rückgriff nehmen. Die Übernahme einer derartigen

67 s. S. 25.

68 Eberbach/Lange, Anhang zu § 36 Gentechnikgesetz, Rd.-Nr. 39.

69 BR-Drucksache 387/89, § 30.

70 Eberbach/Lange, Anhang zu § 36 Gentechnikgesetz, Rd.-Nr. 39; Landsberg/Lülling, § 19 Umwelthaftungsgesetz, Rd.-Nr. 16; Renger, PHI 1992, S. 86 ff. (88).

Freistellungs- oder Gewährleistungsverpflichtung ist für das Kreditinstitut eine Kreditgewährung wie die Übernahme einer Bankbürgschaft. Das Kreditinstitut darf und wird auch einen derartigen Kredit nur gewähren, wenn werthaltige Sicherheiten gestellt werden. Da die Verwaltungsbehörde nicht sicher sein kann, ob die Bank entsprechend den banküblichen Grundsätzen auf die Stellung der werthaltigen Sicherheiten bestanden hat, empfiehlt es sich, die Stellung der Sicherheiten durch den Kreditnehmer von der Bank nachweisen zu lassen, da eine Inanspruchnahme in der vom Gesetz vorgesehenen Größe die Finanzkraft einer Bank übersteigt. Eine Bank wird deshalb die Verpflichtung in der Regel nur durch Verwertung der ihr übertragenen Mittel oder Sicherheiten des Anlagenbetreibers erfüllen können. Die vorstehenden Ausführungen bedeuten, daß es bei der Prüfung der Werthaltigkeit einer Freistellungs- oder Gewährleistungsverpflichtung eines Kreditinstitutes (nicht) nur auf die Bonität des Kreditinstitutes, sondern vielmehr auch auf die Bonität des Anlagenbetreibers ankommt. Der Gesetzgeber hat ausdrücklich die Möglichkeit einer Eigendeckung zugelassen. Dies bedeutet für die Verwaltungsbehörde, daß sie zu prüfen und zu überwachen hat, ob der Anlagenbetreiber, wenn er die Möglichkeit der Eigendeckung wahrnimmt, dazu auch jederzeit in der Lage ist.

Durch die Freistellungs- oder Gewährleistungsverpflichtung eines Kreditinstitutes gewinnt die Verwaltungsbehörde zum einen ein unabhängiges Unternehmen, das sie bei der Überwachung der Bonität des Anlagenbetreibers unterstützt, zum anderen bekommt die Aufsichtsbehörde einen weiteren Schuldner, auf den sie im Fall eines Schadens zurückgreifen kann. Die Aufsichtsbehörde muß letztlich darauf vertrauen, daß die für die Kreditwirtschaft zuständigen Aufsichtsgremien (insbesondere das Bundesaufsichtsamt für das Kreditwesen und die Deutsche Bundesbank) darüber wachen, daß das Kreditinstitut keine unnötigen Kreditrisiken eingeht. Für die Übernahme derartiger Freistellungs- und Gewährleistungsverpflichtungen kommen wegen der an anderer Stelle der Arbeit[71] dargestellten Eigenkapitalgrundsätze nach § 11 KWG nur größere Kreditinstitute in Betracht. Eine weitere Begrenzung der Höhe der Verpflichtung eines Kreditinstitutes ergibt sich aus § 13 Abs. IV KWG. Danach darf der einzelne Großkredit die Hälfte des haftenden Eigenkapitals eines Kreditinstitutes nicht übersteigen. Zwar ist zu berücksichtigen, daß nach § 13 Abs. VI KWG Bürgschaften, Garantien und sonstige Gewährleistungsverpflichtungen nur zur Hälfte auf diesen Grundsatz angerechnet werden. Gleichwohl werden nur wenige Kreditinstitute in der Lage sein, derartige Freistellungs- und Gewährleistungskredite auszulegen. Darin liegt auch der Grund, warum bisher die Unternehmen die Deckungsvorsorge nicht aus eigenen Mitteln durch die Stellung einer Freistellung oder Gewährleistung eines Kreditinstitutes erbracht haben.

---

[71] s. S. 14.

2. Arzneimittelgesetz

Die Regelung der Deckungsvorsorge nach dem Arzneimittelgesetz weicht geringfügig von der nach dem Atomgesetz ab. Nach § 94 Abs. III S. 3 Nr. 2 Arzneimittelgesetz kann die Deckungsvorsorge durch eine Freistellungs- oder Gewährleistungsverpflichtung eines inländischen[72] Kreditinstitutes erbracht werden. Bund oder Länder sind als Träger der Deckungsvorsorge nicht vom Gesetz vorgesehen. In der einschlägigen Kommentarliteratur werden sie ebenfalls nicht angesprochen. Ursache dafür ist, daß für eine Deckungsvorsorge durch Bund oder Länder kein Bedürfnis besteht. Der Bund oder die Länder werden insbesondere auch aus wettbewerbsrechtlichen Gründen nur dann die Deckungsvorsorge für ein Unternehmen übernehmen können, wenn sie daran mehrheitlich beteiligt sind[73]. Arzneimittel werden dagegen traditionell von privatwirtschaftlichen Unternehmen hergestellt, die sich nicht in öffentlichem Eigentum befinden. Insofern bestand kein Bedürfnis für die Zulassung der öffentlich-rechtlichen Körperschaften als Träger der Deckungsvorsorge nach dem Arzneimittelgesetz.

3. Umwelthaftungsgesetz

Das Umwelthaftungsgesetz sieht in § 19 Abs. II Nr. 3 vor, daß die Freistellungs- oder Gewährleistungsverpflichtung durch ein im Geltungsbereich des Gesetzes zum Geschäftsbetrieb befugtes Kreditinstitut erbracht werden kann.

Hinsichtlich der Beschränkung auf „ein im Geltungsbereich des Gesetzes zum Geschäftsbetrieb befugtes Kreditinstitut" gelten auch hier die oben[74] aufgezeigten Bedenken bezüglich der Vereinbarkeit dieser Regelung mit dem EU-Recht.

Die Anforderungen an das Kreditinstitut entsprechen den oben[75] an Kreditinstitute dargestellten nach dem Atomgesetz. Ergänzend ist noch darauf hinzuweisen, daß die Erbringung von Sicherheiten für den Anlagenbetreiber häufig kaum möglich sein wird. Eine Bank kann das Betriebsgelände und die Gebäude des Anlagenbetreibers in der Regel nicht als werthaltige Sicherheiten akzeptieren, da bei einem Schadensfall häufig die Gebäude vernichtet (z.B. durch Brand oder Explosion), bzw. der Grund und Boden verseucht (z.B. durch auslaufendes Öl, austretende Chemikalien) und damit wertlos werden.

---

[72] zu den Bedenken S. S. 51.

[73] vgl. Landsberg/Lülling, § 19 Umwelthaftungsgesetz , Rd.-Nr. 15.

[74] s. S. 74.

[75] s. S. 118.

Nach § 19 Abs. II Nr. 2 Umwelthaftungsgesetz kann auch eine Freistellungs- oder Gewährleistungsverpflichtung des Bundes oder der Länder zur Deckungsvorsorge beigebracht werden. Zur Begründung für diese hier vom Gesetzgeber vorgenommene Regelung wird auf obige Ausführungen verwiesen[76].

4. Gentechnikgesetz

Das Gentechnikgesetz überläßt es dem Verordnungsgeber in § 36 Abs. II S. 2 Gentechnikgesetz, Freistellungs- oder Gewährleistungsverpflichtungen eines Kreditinstitutes zur Deckungsvorsorge zuzulassen. Zur Ausfüllung dieser Verordnungsermächtigung existiert zur Zeit der bereits oben zitierte Referentenentwurf der Bundesregierung für eine Gentechnikdeckungsverordnung. In § 2 Abs. I der Verordnung werden Freistellungs- und Gewährleistungsverpflichtungen eines Kreditinstitutes mit Sitz im Gebiet der Europäischen Union oder mit Niederlassung im Inland als Träger der Deckungsvorsorge zugelassen. Der Verordnungsgeber hat hier — soweit ersichtlich — neben der Regelung in § 17 Nr. 2 VOB/B zum zweiten Mal auch EU-inländische, nicht in der Bundesrepublik Deutschland zugelassene, Kreditinstitute als Träger der Deckungsvorsorge vorgesehen. Dies zeigt, daß auch der Gesetzgeber erkannt hat, daß die Beschränkung in anderen Gesetzen[77] nicht mit den Vorschriften des EU-Rechtes in Einklang stehen.

II. Vertragstypus und Vertragsinhalt einer Freistellungs- oder Gewährleistungsverpflichtung

Die hier relevanten vier Gesetze sprechen einheitlich von Freistellungs- oder Gewährleistungsverpflichtungen eines Kreditinstitutes. Das BGB kennt den Vertragstypus der Freistellungs- oder Gewährleistungsverpflichtung nicht. Im folgenden wird der Frage nachgegangen, welchem Vertragstypus die Freistellungs- und Gewährleistungsverpflichtung entsprechen und welcher Inhalt erforderlich ist, um als Deckungsvorsorge zugelassen zu werden. Dabei ist zwischen Freistellungsverpflichtung und Gewährleistungsverpflichtung zu differenzieren.

---

[76] s. S. 114.

[77] z.B. § 239 Abs. I BGB oder § 94 Abs. I S. 3 Nr. 2 Arzneimittelgesetz; § 19 Abs. II Nr. 2 Umwelthaftungsgesetz.

1. Die Freistellungsverpflichtung

a) Der Meinungsstand in der Literatur

Wie oben dargestellt, sagen die einzelnen Gesetze über den Vertragscharakter der Freistellungsverpflichtung nichts aus. Fischerhof[78] hält eine derartige Freistellungsverpflichtung für eine Erfüllungsübernahme i.S.d. § 329 BGB. Dabei müsse der Dritte mindestens die Verpflichtung eines Haftpflichtversicherers übernehmen. Daneben komme auch ein echter Vertrag zugunsten Dritter i.S.v. § 328 Abs. I BGB in Betracht, bei dem der geschädigte Dritte unmittelbar das Recht erwirbt, die Leistung zu fordern[79].

Mattern[80] hält ebenfalls einen echten Vertrag zugunsten Dritter bzw. die Erfüllungsübernahme nach § 329 BGB für den richtigen Vertragstypus der Freistellungsverpflichtung. Erforderlich sei es, wenn schon der Geschädigte keinen eigenen Anspruch gegen den Träger der Deckungsvorsorge habe, sondern nur gegen den Schädiger, den Anspruch des Geschädigten als höchstpersönlich und damit nicht abtretbar (§ 399 BGB) und nicht pfändbar (§ 851 Abs. II ZPO) auszugestalten[81].

Sander[82] gibt in seinem Standardkommentar zum Arzneimittelgesetz keinen Hinweis auf die nähere Ausgestaltung der Deckungsvorsorge durch Kreditinstitute, da nach seiner Ansicht der Gesetzgeber diese Form der Deckungsvorsorge nur der Vollständigkeit halber in das Gesetz aufgenommen habe, dabei aber davon ausgegangen sei, daß in der Praxis die Deckungsvorsorge nicht durch Freistellungs- oder Gewährleistungsverpflichtungen eines Kreditinstitutes erbracht werde.

Renger[83] hält in einem Aufsatz zum Umwelthaftungsgesetz die Erfüllungsübernahme nach § 329 BGB für den geeigneten Vertragstypus, er weist aber auch darauf hin, daß sowohl im Bereich des Atomgesetzes als auch im Arzneimittelgesetz bisher kein Fall bekannt geworden sei, bei dem die Deckungsvorsorge durch Freistellungs- oder Gewährleistungsverpflichtungen eines Kreditinstitutes erbracht wurde.

---

[78] Fischerhof, § 14 Atomgesetz, Rd.-Nr. 10; ihm folgend: Eberbach/Lange, Anh. zu § 36 GenTG, Rd.-Nr. 44.

[79] Fischerhof, § 14 Atomgesetz, Rd.-Nr. 10.

[80] Mattern, § 16 Atomgesetz, Rd.-Nr. 2; ihm folgend: Haedrich, § 13 Atomgesetz, Rd.-Nr. 24.

[81] Mattern, § 16 Atomgesetz, Rd.-Nr. 2; ihm folgend: Haedrich, § 13 Atomgesetz, Rd.-Nr. 24.

[82] Sander, § 94 Arzneimittelgesetz, Anm. 2 d.

[83] Renger, PHI 1992, S. 86 ff. (88).

Landsberg/Lülling[84] bezeichnen die Übernahme von Freistellungs- oder Gewährleistungsverpflichtungen durch Kreditinstitute als „Bankbürgschaftslösung". Einen konkreten Vertragstypus nennen sie nicht. Die Bezeichnung Bankbürgschaft erfolgt in Anführungsstrichen, so daß sie anscheinend selbst nicht davon ausgehen, daß die Bürgschaft der geeignete Vertragstypus für Freistellungs- oder Gewährleistungsverpflichtungen ist. Ergänzend weisen sie auf ein weiteres Problem hin. Für diese Art der Deckungsvorsorge besteht kein bestimmter typisierter Vertragsinhalt. Die mit der Überwachung der Deckungsvorsorge beauftragte Aufsichtsbehörde sei deshalb im Einzelfall verpflichtet, den angebotenen Vertrag rechtlich auf seine Wirksamkeit zum Schutz des möglicherweise Geschädigten zu prüfen.

b) Anforderungen an den Vertragstyp

Wenn auch die Formulierung der hier zu prüfenden Gesetze bezüglich der Anforderungen an Freistellungs- oder Gewährleistungsverpflichtungen eines Kreditinstitutes unterschiedlich sind, so weisen sie im Kern eine Gemeinsamkeit auf: die Freistellungs- und Gewährleistungsverpflichtung durch das Kreditinstitut muß dieselbe Sicherheit wie eine Haftpflichtversicherung bieten. Das Atomgesetz legt in § 14 Abs. II Atomgesetz i.V.m. § 14 Abs. I Atomgesetz fest, daß die §§ 158 c bis 158 h VVG entsprechend heranzuziehen sind. Das Arzneimittelgesetz zieht in § 94 Abs. III S. 2 Arzneimittelgesetz die Vorschriften §§ 158 c bis 158 k VVG ergänzend heran. § 19 Abs. II Umwelthaftungsgesetz verlangt, daß die Freistellungs- und Gewährleistungsverpflichtung eines Kreditinstitutes eine mit der Haftpflichtversicherung vergleichbare Sicherheit bieten muß. Für den Bereich der gentechnischen Anlagen bestimmt schließlich § 2 Abs. II des Entwurfes der Gentechnikdeckungsverordnung, daß die §§ 158 c bis 158 k VVG anzuwenden sind.

Im Ergebnis verlangen damit alle Gesetze bzw. Verordnungen, daß die Freistellungs- oder Gewährleistungsverpflichtung eines Kreditinstitutes, unabhängig von der jeweiligen Einordnung des Vertragstypes, die gleichen Voraussetzungen erfüllen muß, die die §§ 158 c bis 158 k VVG sowie die §§ 149 bis 158 a VVG für die Haftpflichtversicherung aufstellen.

c) Welche Vertragstypen erfüllen diese Anforderungen?

aa) Erfüllungsübernahme nach § 329 BGB

Die Erfüllungsübernahme ist im BGB nicht ausdrücklich geregelt. Allerdings setzt die Auslegungsregel des § 329 BGB die Erfüllungsübernahme tatbestand-

[84] Landsberg/Lülling, § 36 Gentechnikgesetz, Rd.-Nr. 23 und 24.

lich voraus[85]. Durch eine Erfüllungsübernahme verpflichtet sich der eine Teil dem anderen Teil gegenüber, dessen Gläubiger zu befriedigen, ohne die Schuld selbst zu übernehmen[86]. Diese Verbindlichkeit kann auch zukünftig sein, wenn sie hinreichend bestimmbar ist. Der Dritte erhält keine eigene Forderung gegen den Versprechenden (§ 329 BGB).

Ein typischer Fall der Erfüllungsübernahme ist das Versprechen des Haftpflichtversicherers[87]. Wohl aus diesem Grund heraus wird von der Literatur die Erfüllungsübernahme als der geeignete Vertragstyp für die Freistellungserklärung eines Kreditinstitutes angesehen. Da die Übernahme lediglich ein Vertrag zwischen Schuldner und Versprechendem ist und nur der Schuldner den Anspruch auf Übernahme der Schuld hat, ist der Anspruch weder pfändbar noch abtretbar[88]. Insofern entspricht die Erfüllungsübernahme den Anforderungen, die sich aus der Heranziehung des Versicherungsvertragsgesetzes ergeben.

Zum Zeitpunkt der Übernahme der Schuld durch den Versprechenden ist das schädigende Ereignis noch nicht eingetreten.

Zum Zeitpunkt der Übernahme durch den Versprechenden besteht damit noch kein Schuldverhältnis zwischen dem möglicherweise Geschädigten und dem Schädiger. Daraus ergibt sich für die Anwendung der Erfüllungsübernahme folgendes Problem: die Erfüllungsübernahme bezieht sich nur auf die zum Zeitpunkt der Übernahme bestehende Schuld; spätere Erweiterungen der Schuld wirken nicht zu Lasten des Übernehmenden[89]. Allerdings ist auch die Übernahme zukünftiger Forderungen möglich, wenn diese hinreichend bestimmt sind[90].

Im Rahmen des Individualvertrages zwischen dem Kreditinstitut und dem Anlagenbetreiber muß dementsprechend festgelegt werden, für welche Verbindlichkeiten die Freistellungserklärung zu gelten hat. Sofern die Deckungsvorsorge zum Schutz vor Arzneimittelschädigungen übernommen wird, muß die Bezeichnung des Arzneimittels aufgenommen werden. Die Vertragsparteien haben hier darauf zu achten, daß die Freistellungserklärung so formuliert wird, daß alle möglichen Ansprüche der potentiell Gefährdeten erfaßt sind.

Problematisch ist die Anforderung an die Freistellungsverpflichtung, daß der Übernehmende im Verhältnis zum geschädigten Dritten (Gläubiger) nicht berechtigt sein soll, die Leistung an den Schuldner zu verweigern. Diese Anforde-

---

85 Hadding in Soergel/Siebert, § 329 BGB, Rd.-Nr. 1.

86 Hadding in Soergel/Siebert, § 329 BGB, Rd.-Nr. 1.

87 Gottwald in Münchener Kommentar, § 329 BGB, Rd.-Nr. 7; Gernhuber, S. 441.

88 Gottwald in Münchener Kommentar, § 329 BGB, Rd.-Nr. 8; Heinrichs in Palandt, § 329 BGB, Anm. 3; Gernhuber, S. 447 f.

89 Gottwald in Münchener Kommentar, § 329 BGB, Rd.-Nr. 8; Heinrichs in Palandt, § 329 BGB, Anm. 1 a.

90 Hadding in Soergel, § 329 BGB, Rd.-Nr. 1.

rung ergibt sich aus der entsprechenden Anwendung des § 158 c Abs. I VVG. Bei der Erfüllungsübernahme hat der Gläubiger keinen Anspruch gegen den Übernehmenden auf Leistung an den Dritten[91]. Insoweit erfüllt die Erfüllungsübernahme eine wesentliche Anforderung aus der entsprechenden Anwendung des Versicherungsvertragsgesetzes nicht. Erforderlich ist es deshalb, in die Freistellungsverpflichtung des Kreditinstitutes eine Klausel einzuarbeiten, nach der der geschädigte Dritte i.S.v. § 158 c Abs. I VVG Leistung an den Schuldner verlangen kann, auch wenn der Übernehmende im Verhältnis zum Schuldner frei geworden ist.

Zusammenfassend ist festzustellen, daß die Erfüllungsübernahme i.S.v. § 329 BGB der geeignete Vertragstypus für eine Freistellungsverpflichtung des Kreditinstitutes zur Erfüllung der Deckungsvorsorge ist, wenn in die Individualvereinbarung zwischen dem Kreditinstitut und dem Anlagenbetreiber die eben genannten Klauseln eingearbeitet werden.

bb) Vertrag zugunsten Dritter gemäß § 328 BGB

Bei einem echten Vertrag zugunsten Dritter kann der Dritte gem. § 328 Abs. I BGB unmittelbar die Erbringung der Leistung an sich fordern. Der Anspruch entsteht unmittelbar in der Person des Dritten, ohne daß beim Schuldner ein Durchgangserwerb stattfindet[92]. Die Person des Dritten muß beim Abschluß des Vertrages nicht bestimmt sein, es reicht, wenn sie nach persönlichen oder sachlichen Kriterien bestimmbar ist[93].

Somit kommt der echte Vertrag zugunsten Dritter als Vertragsform einer Freistellungserklärung eines Kreditinstitutes in Betracht, denn der Eintritt des Schadensfalles und die Person des Dritten ist ungewiß, allerdings ist der Kreis der Personen nach den eben genannten Kriterien bestimmbar.

Der Leistungsanspruch des Dritten folgt den Regelungen des Deckungsverhältnisses zwischen Schuldner und Gläubiger des Vertrages[94]. Dieses Verhältnis legt auch fest, ob und unter welchen Voraussetzungen die Vertragspartner den Anspruch des Dritten ohne dessen Mitwirkung wieder aufheben können (§ 328 Abs. II BGB). Das Deckungsverhältnis und das Valutaverhältnis sind voneinander unabhängig[95].

---

[91] Gottwald in Münchener Kommentar, § 329 BGB, Rd.-Nr. 8; Hadding in Soergel, § 329 BGB, Rd.-Nr. 3.

[92] Gottwald in Münchener Kommentar, § 328 BGB, Rd.-Nr. 2; Heinrichs in Palandt, § 328 BGB, Rd.-Nr. 5.

[93] RGZ 106, S. 120 ff. (126); Gottwald in Münchener Kommentar, § 328 BGB, Rd.-Nr. 18.

[94] Gottwald in Münchener Kommentar, § 328 BGB, Rd.-Nr. 21.

[95] Gottwald in Münchener Kommentar, § 328 BGB, Rd.-Nr. 22.

Der echte Vertrag zugunsten Dritter erfüllt die Anforderungen des Versicherungsvertragsgesetzes und ist deshalb als Freistellungsverpflichtung eines Kreditinstitutes geeignet. Erforderlich ist, daß im Deckungsverhältnis zwischen Schuldner (Bank) und Gläubiger (Unternehmer) ein Vertrag abgeschlossen wird, durch den der Dritte unmittelbar begünstigt wird. In diesen Vertrag muß eine Klausel aufgenommen werden, nach der nach Eintritt eines Schadensfalles oder nach Vornahme der schadensgeneigten Handlung, eine einseitige Aufhebung des Deckungsverhältnisses zu Lasten des Dritten unzulässig ist. Problematisch ist dieses insbesondere im Bereich des Umwelthaftungsgesetzes, da die Deckungsvorsorge auch für stillgelegte Anlagen über einen längeren Zeitraum aufrecht zu erhalten ist[96]. Zum Schutz des Dritten kann deshalb nach Inbetriebnahme der Anlage eine Aufhebung des Deckungsverhältnisses nur dann erfolgen, wenn entweder die von der Aufsichtsbehörde genannte Frist zur Aufrechterhaltung der Deckungsvorsorge abgelaufen ist oder aber die Deckungsvorsorge von einem anderen Kreditinstitut oder einer Haftpflichtversicherung übernommen wird.

Zusammenfassend ist mithin festzustellen, daß auch der echte Vertrag zugunsten Dritter als geeigneter Vertragstyp für eine Freistellungsverpflichtung eines Kreditinstitutes in Betracht kommt. Erforderlich ist jedoch, daß die eben genannten Klauseln in den Vertrag eingearbeitet werden, damit die Anforderungen aus dem Versicherungsvertragsgesetz erfüllt werden und der Anspruch des Geschädigten aus dem Vertrag zugunsten Dritter dem einer Haftpflichtversicherung entspricht.

cc) Bankbürgschaft nach § 765 BGB

Denkbar wäre es, die Deckungsvorsorge auch durch die Bürgschaft eines Kreditinstitutes zu erbringen. Hinweise auf diesen Vertragstyp findet man nur bei Landsberg/Lülling[97], die die Freistellungs- und Gewährleistungsverpflichtung eines Kreditinstitutes als „Bankbürgschaft“ bezeichnen.

Der ungewisse Eintritt des Schadensereignisses und der unbekannte Kreis der zu schützenden Anspruchsteller sprechen gegen eine Anwendung der Bankbürgschaft, um die Freistellungsverpflichtung zu erbringen. Bei einem Fehler z.B. eines Arzneimittels erstreckt sich der Kreis der Geschädigten auf diejenigen, die das Mittel eingenommen haben. Bei einem Störfall in einer kerntechnischen An-

---

[96] nach § 19 Abs. I S. 2 Umwelthaftungsgesetz kann die zuständige Verwaltungsbehörde bestimmen, daß die Deckungsvorsorge für stillgelegte Anlagen für die Dauer von höchstens 10 Jahren weiterhin aufrechterhalten wird.

[97] Landsberg/Lülling, § 36 Gentechnikgesetz, Rd.-Nr. 23 und 24; allerdings setzen sie den Begriff Bankbürgschaft in Anführungsstriche, ein Zeichen dafür, daß sie vermutlich den Begriff der Bürgschaft nicht im Rechtssinne (§ 765 BGB) verwenden wollen, sondern im allgemeinen Sprachgebrauch als „für einen anderen einstehen“.

lage sind zunächst die umliegenden Anwohner betroffen; dies gilt auch für Störfälle in umweltrelevanten und gentechnischen Einrichtungen. Diesen Fällen ist gemeinsam, daß der Kreis der Geschädigten beim Abschluß der Deckungsvorsorge nicht bestimmt ist. Auch über die Art der Forderung ist keine Bestimmbarkeit möglich, da die Ansprüche der Geschädigten vertraglicher (z.B. beim Kauf eines Arzneimittels) als auch deliktsrechtlicher Natur sein können.

Die Bürgschaft ist aber ein Vertrag zwischen Bürge (hier der Bank) und dem Gläubiger — also den geschädigten Personen -. Erforderlich ist deshalb ein Vertragsschluß zwischen der Bank als Bürge und den potentiell gefährdeten Personen, die z.B. beim Kauf eines Arzneimittels mit der Bank eine Bürgschaftserklärung vereinbaren müßten. Ein derartiges Verfahren ist angesichts der Vielzahl der beteiligten Personen zum einen nicht praktikabel, zum anderen aber auch rechtlich bedenklich, da es durch die Aufsichtsbehörde nicht kontrollierbar ist. Die Deckungsvorsorge muß vor Beginn der schadensgeneigten Tätigkeit erbracht und nachgewiesen werden. Beim Kauf eines Arzneimittels hätte beispielsweise die Aufsichtsbehörde keine Möglichkeit zu prüfen, ob überhaupt eine derartige Bürgschaft abgeschlossen wird.

Die Beteiligten an einer Bürgschaft müssen bei Vertragsabschluß eindeutig feststehen, die Person des Gläubigers insbesondere deshalb, weil er Vertragspartner der Bürgschaft ist[98]. Die Auswahl des Gläubigers kann allerdings dem Schuldner durch Vollmacht des Bürgen übertragen werden, wenn der Kreis der Gläubiger hinreichend bestimmt ist und die Auswahl alsbald nach Vertragsschluß erfolgt[99]. Der Schuldner muß dann in Vollmacht des Bürgen den Namen des Gläubigers in die Blankobürgschaft einsetzen[100]. Dieses Verfahren erfordert jedoch eine hinreichende Bestimmtheit der Gläubiger beim Abfassen der Blankourkunde[101]. Nicht ausreichend ist es, alle gegen ein bestimmtes Unternehmen gerichtete Forderungen als Bestimmtheitskriterium aufzunehmen[102]. Die Besonderheiten der zur Deckungsvorsorge verpflichtenden Tatbestände verbieten ein derartiges Verfahren. Die Gläubiger sind unbestimmt. Sie stehen zum Zeitpunkt der Erbringung der Deckungsvorsorge noch nicht fest. Sie sind auch nicht anhand von bestimmten Kriterien bestimmbar. Dies gilt z.B. für den Kauf von Arzneimitteln. Hier ist zum Zeitpunkt der Deckungsvorsorge noch nicht bekannt, welcher Bürger in Zukunft ein entsprechendes Arzneimittel verordnet bekommt und einnimmt. Im gentechnischen Bereich gilt dies insbesondere für

[98] BGH, WM 1978, S. 1065 f. (1066), Pecher in Münchener Kommentar, § 767 BGB, Rd.-Nr. 13; Thomas in Palandt, § 765 BGB, Anm. 1; Horn in Staudinger, § 765 BGB, Rd.-Nr. 5.

[99] Pecher in Münchener Kommentar, § 767 BGB, Rd.-Nr. 13.

[100] BGH, WM 1978, S. 1065 f. (1066).

[101] BGH, WM 1978, S. 1065 f. (1066).

[102] BGH, WM 1978, S. 1065 f. (1066).

Schäden, die durch Freilandversuche entstehen. Auch hier ist der Kreis der potentiell Geschädigten bei Erbringung der Deckungsvorsorge nicht bestimmbar.

Wegen mangelnder Bestimmtheit des Vertragspartners aus der Bürgschaft kommt die Bürgschaft als Vertragstypus für eine Freistellungsverpflichtung eines Kreditinstitutes nicht in Betracht.

2. Die Gewährleistungsverpflichtung

Nach allgemeiner Auffassung[103] handelt es sich bei einer Gewährleistungsverpflichtung eines Kreditinstitutes zur Erbringung der Deckungsvorsorge um den von Rechtsprechung und Literatur entwickelten Gewähr- oder Garantievertrag, durch den jemand verspricht, für eine Gefahr einzustehen und etwaige künftige Schulden zu übernehmen[104]. Die nähere Ausgestaltung des Vertrages hat sich an den Anforderungen an die Haftpflichtversicherung zu orientieren[105]. Da ebenso wie der Gewährvertrag auch die Freistellungsverpflichtung des Kreditinstitutes diese Voraussetzung zu erfüllen hat, werden die Gewährleistungsverpflichtungen und die Freistellungsverpflichtung rechtlich gleich ausgestaltet sein[106].

Der Abschluß eines Gewähr- oder Garantievertrages in Form der Gewährleistungsverpflichtung ist geeignet, die Deckungsvorsorge nach den genannten Gesetzen zu erbringen. Dabei ist die Individualvereinbarung zwischen dem Unternehmen und der Bank so zu gestalten, daß die Anforderungen aus dem Versicherungsvertragsgesetz erfüllt werden. Insoweit gilt das zur Freistellungsverpflichtung eines Kreditinstitutes oben Gesagte.

Parteien des Gewährvertrages sind der Anlagenbetreiber und das Kreditinstitut. Der möglicherweise Geschädigte ist nicht Vertragspartei. Er ist lediglich — wie bei einer Haftpflichtversicherung — Begünstigter in dem Sinne, daß er zur Befriedigung seines Schadensersatzanspruches gegen den Anlagenbetreiber dessen Anspruch aus dem Gewährvertrag gegen das Kreditinstitut pfänden und an sich überweisen lassen muß. Entsprechend der Regelung in § 158 c Abs. VI VVG zur Pflichtversicherung kommt eine eigener Anspruch des Geschädigten gegen das Kreditinstitut nicht in Betracht. Der Kreis der anspruchsberechtigten Gläubiger wird durch das Bestehen einer Schadensersatzforderung gegen den Anlagenbetreiber aus einem bestimmten Schadensereignis konkretisiert.

---

[103] Fischerhof, § 14 Atomgesetz, Rd.-Nr. 11; Haedrich, § 13 Atomgesetz, Rd.-Nr. 24; Mattern, § 16 Atomgesetz, Rd.-Nr. 3; Renger, PHI 1992, S. 86 ff. (88); Eberbach/Lange, Anh. § 36 GenTG, Rd.-Nr. 44.

[104] Fischerhof, § 14 Atomgesetz, Rd.-Nr. 11 unter Hinweis auf Thomas in Palandt, vor § 765 BGB, Anm. 3 c und Horn in Staudinger, vor § 765 BGB, Rd.-Nr. 73.

[105] Fischerhof, § 14 Atomgesetz, Rd.-Nr. 11.

[106] Fischerhof, § 14 Atomgesetz, Rd.-Nr. 11.

Für Freistellungs- oder Gewährleistungsverpflichtungen nach dem Gentechnikgesetz ist der Abschluß eines Gewähr- oder Garantievertrages die von der Verordnung vorgesehene Form zur Erbringung der Freistellungs- oder Gewährleistungsverpflichtung des Kreditinstitutes. In § 4 Abs. IV des Entwurfes der Gentechnikdeckungsverordnung ist vorgesehen, daß ein Gewähr- oder Garantievertrag abzuschließen ist. In § 4 des Verordnungsentwurfes sind auch nähere Bestimmungen über den Inhalt des Gewähr- und Garantievertrages aufgeführt. Insbesondere ist festgestellt, daß die Versicherungssumme für jeden Versicherungsfall zur Verfügung stehen muß. Bei Eintritt mehrerer Versicherungsfälle kann die Haftung somit über die eigentliche Haftungssumme hinausgehen. Außerdem wird in § 4 Abs. I Nr. 2 des Verordnungsentwurfes eine Nachhaftung bis zu 10 Jahren nach Beendigung des Versicherungsverhältnisses angeordnet.

Teil V: Ergebnis und Ausblick

Zusammenfassend ist festzustellen, daß die deutschen Gesetze zahlreiche Einsatzmöglichkeiten für die Bankbürgschaft als Sicherungsmittel eröffnen. Häufigster Anwendungsfall ist neben der Gewährleistungsbürgschaft die Prozeßbürgschaft.

Bei der Prozeßbürgschaft werden der Inhalt und der Umfang der Bürgschaft durch das Gericht nach pflichtgemäßem Ermessen festgelegt. Dabei berücksichtigt das Gericht vorrangig den Zweck der Prozeßbürgschaft, der im Schutz des Berechtigten besteht. Gleichwohl hat es auch die Interessen des Schuldners zu beachten, sofern dadurch der Schutz des Berechtigten nicht beeinträchtigt wird. Aus diesem Grund ist die Aufnahme eines Hinterlegungsvorbehaltes in den Text der Bürgschaftsurkunde zulässig.

Die Bürgschaft ist als Sicherungsmittel nur dann geeignet und damit zulässig, wenn der Bürge tauglich ist. Banken sind nicht schon aufgrund ihrer Tätigkeit als taugliche Bürgen anzusehen. Das Gericht muß vielmehr im Einzelfall anhand der vorzulegenden Unterlagen über das Kreditinstitut prüfen, ob dieses als Bürge tauglich ist. Eine derartige Prüfung kann unterbleiben, wenn die Bank Mitglied einer Sicherungseinrichtung ist und die Bürgschaftsverbindlichkeit durch die Sicherungseinrichtung abgedeckt wird.

Sofern der Kreis der tauglichen Bürgen durch § 239 Abs. I BGB auf Personen mit inländischem Gerichtsstand begrenzt wird, ist dies nicht mit der Kapitalverkehrsfreiheit nach Art. 67 I EWG-Vertrag vereinbar. Solange die Vorschrift des § 239 Abs. I BGB nicht geändert ist, muß diese Regelung EU-konform dahingehend ausgelegt werden, daß auch Banken mit Sitz in einem EU-Vertragsstaat als taugliche Bürgen i.S.v. § 239 Abs. I BGB anzusehen sind.

Im Bereich des öffentlichen Rechtes sehen die Gesetze zahlreiche Möglichkeiten vor, zur Erreichung eines bestimmten Verhaltens Dritter eine Sicherheitsleistung anzuordnen. Namentlich im öffentlichen Baurecht eröffnet sich ein weites Einsatzgebiet für die Bankbürgschaft.

Es ist de lege lata nicht zulässig, eine bestehende Versicherungspflicht durch Stellung einer Bankbürgschaft zu erfüllen. Gleichwohl wird für den Bereich der Pflichtversicherung der Notare, Rechtsanwälte und Wirtschaftsprüfer de lege ferenda die Zulassung der Eigendeckung durch Stellung einer Bankbürgschaft empfohlen.

Die in den vier Gesetzen Atomgesetz, Arzneimittelgesetz, Umwelthaftungsgesetz und Gentechnikgesetz vorgesehene Möglichkeit der Erbringung der Dekkungsvorsorge durch Stellung einer Freistellungs- oder Gewährleistungsverpflichtung eines Kreditinstitutes hat sich in der Praxis bisher nicht bewährt. Die Ursache dafür ist im wesentlichen die Höhe der zu erbringenden Deckungsvorsorge, die die finanzielle Leistungskraft eines Unternehmens überfordert. Auch die fehlende Absicherung durch eine Solidargemeinschaft beeinträchtigt die Bereitschaft der Unternehmen, die Deckungsvorsorge in Form der Eigendeckung zu erbringen.

Die Sicherheitsleistung durch Bankbürgschaft hat gegenüber anderen Sicherungsformen erhebliche Vorteile. Sie ist preiswert, leicht durchzuführen und in ihrem Sicherungswert ungefährdet. Für die Kreditwirtschaft eröffnet sich durch die Bereitschaft zur Erstellung von Avalkrediten ein weites Geschäftsfeld, das margenunabhängig (unabhängig von den Kapitaleinkaufskosten) und dadurch gut zu kalkulieren ist.

Literaturverzeichnis

Alternativkommentar zur Strafprozeßordnung, Band II, Teilband 1 (§§ 94–212 b), Neuwied 1992

Amendt, Wolfgang: Die Verfassungsmäßigkeit der strafprozessualen Sicherheitsleistungsvorschrift, Berlin 1986

Anders, Monika und *Gehle*, Burkhard: Das Assessorexamen im Zivilrecht, 3. Auflage, Düsseldorf 1991

Anders, Monika, Gehle, Burkhard und Baader, Peter: Handbuch für den Zivilprozeß, Düsseldorf 1992

Baumbach, Adolf: Zivilprozeßordnung, 53. Auflage, München 1995

von Bar, Christian: Das „Trennungsprinzip" und die Geschichte des Wandels der Haftpflichtversicherung, in: ACP 181 (1981), S. 289 ff.

Barner, Frank: Die Einführung der Pflichtversicherung für Kraftfahrzeughalter: Die Entstehung des Pflichtversicherungsgesetzes vom 07.11.1939, Frankfurt am Main 1991

Battis, Ulrich, *Krautzberger*, Michael und *Löhr*, Rolf-Peter: Baugesetzbuch, 3. Auflage, München 1991

Beck'sches Prozeßformularbuch, 6. Auflage, München 1992

Beuthien, Volker und *Jöstingmeier*, Bernd: Bürgschaft einer Kreditgenossenschaft als Sicherheit i.S. von § 108 ZPO, in: NJW 1994, S. 2070 ff.

Beyer, Christian: Grenzen der Arzneimittelhaftung, München 1989

Birck, Heinrich: Die Bankbilanz, Band II, 3. Auflage, Wiesbaden 1977

Bischof, Hans Helmut: Der Zivilprozeß nach der Vereinfachungsnovelle, Stuttgart 1980

Blum, Peter, *Agena*, Carl-August und *Franke*, Jürgen: Niedersächsisches Naturschutzgesetz, Wiesbaden 1990

Böhm, Dietrich: Die Entschädigung der Contergankinder, Siegen 1973

Breining, Walter: Umwelthaftung und Umwelthaftpflichtversicherung, in: ZfVersWiss 1990, S. 193 ff.

Breining, Walter: Die Notwendigkeit einer technischen Risikoprüfung wird sich verstärken, Handelsblatt v. 05.11.1992, S. B7

Brockhaus: Enzyklopädie 7. Band, Wiesbaden 1969

Brox, Hans: Besonderes Schuldrecht, 15. Auflage, München 1989

Büschgen, Hans E.: Bankbetriebslehre, 2. Auflage, Stuttgart 1989

Dahs, Hans: Handbuch des Strafverteidigers, 5. Auflage, Köln 1983

Derleder, Peter und *Stapelfeld*, Ait: Die Lohn- u. Gehaltsabtretungals Vermietersicherheit, in: ZMR 1987, S. 123 ff.

Deutsch, Erwin: Gefährdungshaftung für Mikroorganismen im Labor, in: NJW 1990, S. 751 f.

derselbe: Das neue System der Gefährdungshaftung: Gefährdungshaftung, erweiterte Gefährdungshaftung und Kausal-Vermutungshaftung, in: NJW 1992, S. 73 ff.

Monatsberichte der Deutschen Bundesbank: herausgegeben von der Deutschen Bundesbank, Frankfurt am Main

Duennebier, Hans: Sicherstellung der Strafvollstreckung durch Sicherheitsleistung (§§ 127a, 132 StPO), in: NJW 1968, S. 1752 ff.

Eberbach, Wolfram und *Lange*, Peter: GentechnikRecht, Heidelberg 1992

Eberl, Wolfgang, *Martin*, Dieter und *Petzet*, Michael: Bayerisches Denkmalschutzgesetz, 4. Auflage, München 1992

Ehricke, Ulrich: Der „taugliche Bürge gemäß § 239 BGB auf dem Prüfstand des Gemeinschaftsrechts", in: EWS 1994, S. 259 ff.

Enders, Christian: VOB/B und BGB-Bauvertrag im Rechtsvergleich Düsseldorf 1986

Ernst, Werner, *Zinkahn*, Willy und *Bielenberg*, Walter: Baugesetzbuch, Stand März 1994, München

Etmer, Friedrich, *Bolck*: Arzneimittelgesetz, Stand 01.09.1992, Starnberg

Fischerhof, Hans: Deutsches Atomgesetz und Strahlenschutzrecht, 2. Auflage, Baden-Baden 1978

Friedrich, Klaus: Bürgschaften für Steuerschulden, in: STuW 1979, S. 259 ff.

Führich, Ernst R.: Das neue Reiserecht nach der Umsetzung der EG-Pauschalreise-Richtlinie, in:NJW 1994, S. 2446 ff.

Geiger, Helmut: in Christians, Friedrich Wilhelm Finanzierungshandbuch, 2. Auflage, Wiesbaden 1988

Gerhardt, Kurt: Straßengesetz für Baden-Württemberg — Kommentar —, 2. Auflage, Stuttgart, München, Hannover 1988

Gernhuber, Joachim: Die Erfüllung und ihre Surrogate, Tübingen 1983

Gerold, Wilhelm: Bundesgebührenordnung für Rechtsanwälte, 11. Auflage, München 1991

Giemulla, Elmar, *Lau*, Ulrich und *Barton*, Dirk: Luftverkehrsgesetz, — Kommentar —, Stand Oktober 1992, Frankfurt am Main

Goedecke, Heinz-Dieter: Grundfragen der Sicherheitsleistung im Zivilprozeß, Hannover 1988

Grell, Dieter: Neue Schwerpunkte in der Haftpflichtversicherung, in: VW 1987, S. 1509 ff.

Groeben, Hans von der: Kommentar zum EWG-Vertrag, 4. neubearb. Auflage, Baden-Baden 1991

Groß, Heinrich: Die Ablösung einer Garantierückbehaltung durch Bankbürgschaft, in: BlGBW 1970, S. 191

Grosse-Suchsdorf, Ulrich, *Schmaltz*, Hans Karsten und *Wiechert*, Reinord: Niedersächsische Bauordnung, 5. Auflage, Hannover 1992

Grziwotz, Herbert: MaBV-Bürgschaft und Vorausleistungspflicht im Bauträgervertrag, in: NJW 1994, S. 2745 ff.

Guthardt, Helmut: in: Christians, Finanzierungshandbuch, 2. Auflage, Wiesbaden, 1988

Haedrich, Heinz: Atomgesetz, Baden-Baden 1986

Hagenmüller, Karl und *Diepen*, Gerhard: Der Bankbetrieb, 8. Auflage, Wiesbaden 1977

Hagenmüller, Karl Friedrich und *Jacob*, Adolf-Friedrich: Der Bankbetrieb, Band I, 5. Auflage, Wiesbaden 1987

Handwörterbuch für das Geld-, Bank- u. Börsenwesen, 10. vollst. überarb. u. erweiterte Auflage, Wiesbaden 1988

Hartmann, Peter: Kostengesetze, 25. Auflage, München 1993

Haupt, Johann-Albrecht, *Reffken*, Hermann, *Rhode*, Erich: Niedersächsisches Wassergesetz, Wiesbaden 1990

Heiermann, Wolfgang, *Riedl*, Richard und *Rusam*, Martin: Handkommentar zur VOB: Teile A u. B, 6. vollst. neubearb. u. erweiterte Auflage, Wiesbaden 1992

Heiermann, Wolfgang: Die Sicherheitsleistung durch Bürgschaft nach der Verdingungsordnung für Bauleistungen, in: BB 1977, S. 1575 ff.

Hillermeier, Heinz: Umwelthaftung und Umweltstrafrecht, München/Bonn 1991

Höner, Ernst-Rainer: Denkmalschutz und Denkmalpflege in Rheinland-Pfalz, Berlin 1984

Hoeren, Thomas: Die neuen AGB-Banken, in: NJW 1992, S. 3263 ff.

Hübschmann, Walter, *Hepp*, Ernst und *Spitaler*, Armin: Abgabenordnung, 9. Auflage, Köln 1991/92

Hunecke, Heinrich: Besprechung zum Urteil des OLG Köln vom 29.10.1992, — 18 U 35/92 — in: EWiR 3/93 zu § 242 BGB

Ingenstau, Heinz: VOB: Teile A u. B

Korbion, Hermann: 12. Auflage, Düsseldorf 1993

Isensee, Josef und *Kirchhof*, Paul: Handbuch des Staatsrechts der Bundesrepublik Deutschland, Band III, Heidelberg 1988

Karlsruher Kommentar zur Strafprozeßordnung und Gerichtsverfassungsgesetz, 3. Auflage, München 1993

Kirsch, Wilhelm Michael: Probleme des Deutschen Verdingungswesens, 1936

Klein, Franz und *Orlopp*, Gerd: Abgabenordnung, 4. Auflage, München 1989

Kleinknecht, Theodor und *Meyer*, Karlheinz: Kurzkommentar zur Strafprozeßordnung, 41. Auflage, München 1993

Kloesel, Arno und *Cyran*, Walter: Arzneimittelrecht, Stuttgart 1982

Koch, Arwed: Banken und Bankgeschäfte, Jena 1931

Koch, Karl: Abgabenordnung, 3. Auflage, Köln, Berlin, Bonn, München 1986

Kopp, Ferdinand O.: Verwaltungsverfahrensgesetz, 5. Auflage, München 1991

Kotzur, Hubert: Sicherheitsleistung durch Beibringung einer Prozeßbürgschaft mit befreiender Hinterlegungsklausel, in: DGVZ 1990, S. 161 ff.

Kühn, Rolf, *Kutter*, Heinz und *Hofmann*, Ruth: Abgabenordnung, 16. Auflage, Stuttgart 1990

Landsberg, Gerd und *Lülling*, Wilhelm: GentechnikRecht, Köln 1991

Larenz, Karl: Allgemeiner Teil des deutschen bürgerlichen Rechts, 7. neubearb. Auflage, München 1989

Laufs, Adolf: Handbuch des Arztrechts, Uhlenbruck, Wilhelm: München 1992

Locher, Horst: Das private Baurecht, 3. Auflage, München 1983

Löwe, Ewald und *Rosenberg*, Werner: Die Strafprozeßordnung, 23. Auflage, Berlin, New York 1978

dieselben: Die Strafprozeßordnung und das Gerichtsverfassungsgesetz — Großkommentar —, Zweiter Band, §§ 112–197, 24. Auflage, Berlin, New York 1989

Louis, Hans Walter: Niedersächsisches Naturschutzgesetz, Braunschweig 1990

Marcks, Peter: Makler- und Bauträgerverordnung, 4. Auflage, München 1988

derselbe: Verordnung zur Durchführung des § 34 c der Gewerbeordnung, in: GewA 1974, S. 363 ff.

Marcks, Peter: Die Verordnung zur Durchführung des § 34 c der Gewerbeordnung in: DNotz 1974, S. 524 ff.

Marschall, Ernst Anton: Kommentar zum Bundesfernstraßengesetz, 4. Auflage Köln, Berlin, Bonn, München 1977

Martin, Klaus: Die Risikoanalyse bei Umwelt-Haftpflicht-Deckungen in: VW 1992, S. 602 ff.

Mattern, K. H., *Raisch*, Peter und *Breining*, Walter: Atomgesetz, Berlin, Frankfurt am Main 1961

Maunz, Theodor, *Dürig*, Günter, *Herzog*, Roman und *Scholz*, Rupert: Grundgesetz, Kommentar, München 1993

Mehlhorn, Peter: Die Haftpflichtversicherung im Visier, in: VW 1988, S. 596 ff.

Meyer-Kahlen, Walter: Vergleich der Deckung nach dem Umwelthaftpflicht- Modell mit den bisherigen Deckungen, in: PHI 1992, S. 126 ff.

Mitzschke, Gustav: Kommentar zum Bundesjagdgesetz, 4. völlig neubearb. u. erw. Auflage, Hamburg 1982

Münchener Kommentar zum Bürgerlichen Gesetzbuch, Allgemeiner Teil, §§ 1–240, 2. Auflage, München 1984

Münchener Kommentar zum Bürgerlichen Gesetzbuch, Schuldrecht AT, §§ 241–432, 3. Auflage, München 1994

Münchener Kommentar zum Bürgerlichen Gesetzbuch, Schuldrecht BT, Band III, 2. HB, §§ 652–853, 2. Auflage, München 1986

Münchener Kommentar zur Zivilprozeßordnung, München 1992

Münchener Rückversicherungs-Gesellschaft: Arzneimittelschäden München 1986

Musielak, Hans-Joachim und *Cordt*, Brigitte: Schornsteinfegergesetz, 2. neubearb. Auflage, Darmstadt 1977

Nickel, Friedhelm: Der Umweltschaden in der Betriebshaftpflichtversicherung in: VW 1988, S. 600 ff.

Niklisch, Fritz und *Weick*, Günter: VOB Teil B, 2. Auflage, München 1991

Noack, Wilhelm: Die Prozeßbürgschaft als Sicherheitsleistung und besondere Voraussetzung für die Zwangsvollstreckung, in: MDR 1972, S. 287 ff.

Palandt, Otto und *Bassenge*, Peter: Bürgerliches Gesetzbuch, 53. neubearb. Auflage, München 1994

Paschke, Marian: Kommentar zum Umwelthaftungsgesetz, Berlin, Heidelberg 1993

Pecher, Hans Peter: Zum Erlöschen einer Prozeßbürgschaft wegen Wegfalls der Veranlassung zur Sicherheitsleistung in: WM 1986, S. 1513 ff.

Prölss, Jürgen und *Martin*, Anton: VVG, 24. Auflage, München 1988

Reiff, Manfred Umwelthaftpflichtversicherung, in: VW 1992, S. 122 ff.

Reifner, Udo: Die Reform des Bankbilanzrechts 1993, in: NJW 1993, S. 89 ff.

Renger, Reinhard: Deutschland: Überlegung zur Verordnung über die Deckungsvorsorge nach dem Umwelthaftungsgesetz, in: PHI 1992, S. 86 ff.

Röttger, Ralf-Eckhard: Besprechung des Beschlusses des OLG Köln vom 11.11.1991 — 20 U 148/90 —, in: EWiR 1/93 zu § 108 ZPO

Roxin, Claus: Strafverfahrensrecht, 23. Auflage, München 1993

Rudolph, Karl: Die Verzinsung der Mietkaution — cui bono? in: MDR 1990, S. 201 ff.

Saipa, Axel: Niedersächsisches Gesetz über die öffentliche Sicherheit und Ordnung — Kommentar —Wiesbaden 1982, Stand 8. Nachlieferung November 1992

Salje, Peter: Umwelthaftungsgesetz, München 1993

Sander, Axel: Arzneimittelrecht, Köln 1992

Schellhammer, Kurt: Die Arbeitsmethode des Zivilrichters, 10. völlig überarb. Auflage Heidelberg 1990

Schmidt, Eberhard: Lehrkommentar zur Strafprozeßordnung Göttingen 1957

Schmidt-Leithoff, Christian: Die geplante Deckungsvorsorge greift viel zu weit, Handelsblatt vom 05.11.1992, S. B3

Schneider, Egon: Sicherheitsleistung durch Bankbürgschaft, in: JurBüro 1969, Sp. 487 ff.

Schneider, Uwe: Europäisches Bankenrecht und Wettbewerb der Bankensysteme, Saarbrücken 1990

Scholtissek, Friedrich-Karl: Mehr Sicherheit für Bauhandwerker, in: MDR 1992, S. 443 f.

Schwarz, Bernhard: Abgabenordnung, Freiburg im Breisgau, Stand 61. Lieferung 2/1993

Schwind, Heinz: Die Freiheit des internationalen Zahlungs- u. Kreditverkehrs im westeuropäischen Freihandelsgebiet, Freiburg (Schweiz) 1986

Sieder, Frank, *Zeitler*, Herbert, *Kreuzer*, Konrad und *Zech*, Jochen: Bayerisches Straßen- u. Wegegesetz — Kommentar —, 3. Auflage, München 1990

Simon, Alfons Bayerische Bauordnung, München 1991

Soergel, Hans Theodor und *Siebert*, Wolfgang: Bürgerliches Gesetzbuch, Allgemeiner Teil, Band I, §§ 1–240, 12. neubearb. Auflage, Stuttgart 1987

dieselben: Bürgerliches Gesetzbuch, Band 2/1 Schuldrecht I/1 §§ 241–432, 12. Auflage, Stuttgart, Berlin, Köln, Mainz 1990

dieselben Bürgerliches Gesetzbuch, Band 3, §§ 516–704, 11. Auflage, Stuttgart, Berlin, Köln, Mainz 1980

Sonnenschein, Jürgen: Die Entwicklung des privaten Wohnraummietrechts 1986–1988, in: NJW 1990, S. 17 ff.

Staudinger, Julius von: Kommentar zum Bürgerlichen Gesetzbuch, Allgemeiner Teil, §§ 90–240, 12. Auflage, Berlin 1980

derselbe Band II, §§ 741–822, 12. Auflage, Berlin 1986

Stein, Jonas Kommentar zur Zivilprozeßordnung, 20. Auflage, Tübingen 1984

Stein, Jürgen Das Bankwesen in Deutschland, 14. Auflage, Köln 1985

Steiner, Anton Zwangsversteigerung und Zwangsverwaltung, 9. völlig neu bearbeitete Auflage, München 1984

Stelkens, Paul, *Bonk*, Heinz Joachim, *Sachs*, Michael und *Leonhardt*, Klaus: Verwaltungsverfahrensgesetz, 4. Auflage, München 1993

Tempel, Otto: Mustertexte zum Zivilprozeß, Band 1, München 1977

Terrahe, Jürgen: Die Zukunft des Hausbankprinzips: Engere oder lockere Bank/Kunden-Bindung, in: Engels, Organisation der Banken und des Bankenmarktes Frankfurt am Main 1988

Thiel, Fritz, *Rößler*, Hans-Günter und *Schumacher*, Wilhelm: Baurecht in Nordrhein-Westfalen, Köln, Berlin, Bonn, München 1991

Thomas, Heinz und *Putzo*, Hans: Zivilprozeßordnung, 18. neubearb. Auflage, München 1993

Tipke, Klaus: Steuerrecht, 9. Auflage, Köln 1983

Tipke, Klaus und *Kruse*, Heinrich-Wilhelm: Abgabenordnung, 14. Auflage, Köln 1991

Wagner, Gerhard: Umwelthaftung und Versicherung, in: VersR 1991, S. 249 ff.

derselbe: Die Zukunft der Umwelthaftpflichtversicherung, in: VersR 1992, S. 261 ff.

Walprecht, Dieter und *Cosson*, Rainer: Straßen- und Wegegesetz des Landes Nordrhein-Westfalen, 2. Auflage, Köln, Berlin, Bonn, München 1986

Warda, Axel R.: Ausgewählte Probleme der Makler- und Bauträgerverordnung, in: MittRhNotK 1987, S. 173 ff.

Weingärtner, Helmut: Notarrecht, 2. überarb. u. erg. Auflage, Köln 1991

Wendrich, Klaus: Niedersächsisches Straßengesetz — Kommentar für die Praxis — 2. Auflage, Köln, Berlin, Hannover, Kiel, Mainz, München 1981

Werner, Ulrich und *Pastor*, Walter: Der Bauprozeß, 6. Auflage, Düsseldorf 1990

Zöller, Richard: Zivilprozeßordnung, 18. neubearbeitete. Auflage, Köln 1993

Untersuchungen über das Spar-, Giro- und Kreditwesen

Abteilung B: Rechtswissenschaft

Herausgegeben von Walther Hadding und Uwe H. Schneider

64 **Die Bankenaufsicht in der Bundesrepublik und in den USA.** Von G. Hütz. XXVII, 341 S. 1990 ⟨3-428-06976-5⟩ DM 154,– / öS 1.202,– / sFr 154,–

65 **Die Rechtsstellung des Kursmaklers an den deutschen Wertpapierbörsen.** Von T. Ledermann. 149 S. 1990 ⟨3-428-06990-0⟩ DM 74,– / öS 578,– / sFr 74,–

66 **Die zivilrechtliche Qualifizierung der Interbankenabkommen.** Von J. Schäfer. 254 S. 1990 ⟨3-428-07032-1⟩ DM 98,– / öS 765,– / sFr 98,–

67 **Die Offenlegung von Beteiligungen, Abhängigkeits- und Konzernlagen bei der Aktiengesellschaft.** Von U. Burgard. 239 S. 1990 ⟨3-428-07004-6⟩ DM 89,– / öS 695,– / sFr 89,–

68 **Die Haftung der Bank bei der Kreditkündigung.** Von T. M. J. Möllers. XVI, 204 S. 1990 ⟨3-428-07045-3⟩ DM 89,– / öS 695,– / sFr 89,–

69 **Die Universalkreditkarte.** Von H. Hammann. 284 S. 1991 ⟨3-428-07085-2⟩ DM 112,– / öS 874,– / sFr 112,–

70 **Das Recht der Bankenaufsicht in Frankreich.** Von B. Houis. 183 S. 1991 ⟨3-428-07118-2⟩ DM 74,– / öS 578,– / sFr 74,–

71 **Das POS-System des deutschen Kreditgewerbes.** Von M. Brockmeier. 152 S. 1991 ⟨3-428-07167-0⟩ DM 64,– / öS 500,– / sFr 64,–

72 **Die Haftung der Banken für Kreditauskünfte gegenüber dem Verwender.** Von S. Breinersdorfer. 207 S. 1991 ⟨3-428-07229-4⟩ DM 86,– / öS 671,– / sFr 86,–

73 **Rechtsfragen des Forfaitierungsgeschäfts.** Von H. Bernard. 236 S. 1991 ⟨3-428-07280-4⟩ DM 88,– / öS 687,– / sFr 88,–

74 **Sicherungsabtretung zugunsten des Geldkreditgebers und Factoring nach deutschem und französischem Recht.** Von S. Hollweg-Stapenhorst. 173 S. 1991 ⟨3-428-07281-2⟩ DM 74,– / öS 578,– / sFr 74,–

75 **Das Informationsmodell bei Börsentermingeschäften.** Von M. Kleinschmitt. 149 S. 1992 ⟨3-428-07373-8⟩ DM 74,– / öS 578,– / sFr 74,–

76 **Die „Eurohypothek".** Von O. M. Stöcker. 320 S. 1992 ⟨3-428-07456-4⟩ DM 112,– / öS 874,– / sFr 112,–

77 **Anerkennung ausländischer Konkurse in der Bundesrepublik Deutschland.** Von C. Summ. VIII, 262 S. 1992 ⟨3-428-07425-4⟩ DM 106,– / öS 827,– / sFr 106,–

78 **Das DSL-Bank-Modell.** Von O. Schmidt. 231 S. 1992 ⟨3-428-07417-3⟩ DM 98,– / öS 765,– / sFr 98,–

79 **Konzern, Konzernrecht und Konzernfinanzierung.** Hrsg. von W. Hadding und U. H. Schneider. Teil I: **Die Bedeutung des Steuerrechts für die Konzernfinanzierung.** Von P.-U. Mannheimer. IV, 184 S. 1992 ⟨3-428-07452-1⟩ DM 88,– / öS 687,– / sFr 88,–

80 **Zum Recht der elektronischen Zahlung mit Debetkarten in bargeldlosen Kassensystemen (EFTPOS).** Von K. Ikas. V, 294 S. 1992 ⟨3-428-07416-5⟩ DM 122,– / öS 952,– / sFr 122,–